信阳师范学院商学院学术文库

MEIGUO GUOYOU QIYE JIANGUAN ZHIDU YANJIU:
YI MEIGUO LIANBANG ZHENGFU GONGSI WEILI

# 美国国有企业监管制度研究
## ——以美国联邦政府公司为例

徐孝新 ◎ 著

中国财经出版传媒集团

经济科学出版社
Economic Science Press

**图书在版编目（CIP）数据**

美国国有企业监管制度研究：以美国联邦政府公司为例/徐孝新著 .—北京：经济科学出版社，2019. 8
ISBN 978 - 7 - 5218 - 0887 - 2

Ⅰ. ①美… Ⅱ. ①徐… Ⅲ. ①国有企业-监管制度-研究-美国 Ⅳ. ①F279. 712. 41

中国版本图书馆 CIP 数据核字（2019）第 193108 号

责任编辑：顾瑞兰
责任校对：王肖楠
责任印制：邱　天

**美国国有企业监管制度研究**
——以美国联邦政府公司为例
徐孝新　著
经济科学出版社出版、发行　新华书店经销
社址：北京市海淀区阜成路甲 28 号　邮编：100142
总编部电话：010-88191217　发行部电话：010-88191522
网址：www. esp. com. cn
电子邮件：esp@ esp. com. cn
天猫网店：经济科学出版社旗舰店
网址：http：//jjkxcbs. tmall. com
北京财经印刷厂印装
710 × 1000　16 开　11.75 印张　200000 字
2019 年 9 月第 1 版　2019 年 9 月第 1 次印刷
ISBN 978 - 7 - 5218 - 0887 - 2　定价：58. 00 元

# 总　序

商学院作为我校2016年成立的院系，已经表现出了良好的发展潜力和势头，令人欣慰、令人振奋。办学定位准确，发展思路清晰，尤其在教学科研和学科建设上成效显著，此次在郑云院长的倡导下，拟特别资助出版的《信阳师范学院商学院学术文库》，值得庆贺，值得期待！

商学院始于我校1993年的经济管理学科建设。从最初的经济系到2001年的经济管理学院、2012年的经济与工商管理学院，发展为2016年组建的商学院，筚路蓝缕、栉风沐雨，凝结着教职员工的心血与汗水，昭示着商学院瑰丽的明天和灿烂的未来。商学院目前拥有河南省教育厅人文社科重点研究基地——大别山区经济社会发展研究中心、理论经济学一级学科硕士学位授权点、工商管理一级学科硕士学位授权点、理论经济学河南省重点学科、应用经济学河南省重点学科、理论经济学校级博士点培育学科、经济学河南省特色专业、会计学河南省专业综合改革试点等众多科研平台与教学质量工程，教学质量过硬，科研实力厚实，学科特色鲜明，培养出了一批适应社会发展需要的优秀人才。

美国是世界近现代商科高等教育的发祥地，宾夕法尼亚大学沃顿于1881年创建的商学院是世界上第一所商学院，我国复旦公学创立后在1917年开设了商科。改革开放后，我国大学的商学院雨后春笋般成立，取得了可喜的研究成果，但与国外相比，还存在明显不足。我校商学院无论是与国外大学相比还是与国内大学相比，都是“小学生”，还处于起步发展阶段。《信阳师范学院商学院学术文库》是起点，是开始，前方有更长的路需要我们一起走过，未来有更多的目标需要我们一道实现。希望商学院因势而谋、应势而动、顺势而为，进一步牢固树立“学术兴院、科研强院”的奋斗目标，走内涵式发展之路，形成一系列有影响力的研究成果，在省内高校起带头示范作用；进一步推出学术精品、打造学术团队、凝练学术方向、培育学术特色、发挥学术优势，尤其是培养一批仍处于“成长期”的中青年学术骨干，持续提升学院发展后劲并更好地服务地方社会，为我校实现高质量、内涵式、跨越式发展，建设更加开放、充满活力、勇于创新的高水平师范大学的宏伟蓝图贡献力量！

“吾心信其可行，则移山填海之难，终有成功之日；吾心信其不可行，则反掌折枝之易，亦无收效之期也。”习近平总书记指出，创新之道，唯在得人。得人之要，必广其途以储之。我们希望商学院加快形成有利于人才成长的培养机制、有利于人尽其才的使用机制、有利于竞相成长各展其能的激励机制、有利于各类人才脱颖而出的竞争机制，培植好人才成长的沃土，让人才根系更加发达，一茬接一茬茁壮成长。《信阳师范学院商学院学术文库》是一个美好的开始，更多的人才加入其中，必将根深叶茂、硕果累累！

让我们共同期待！

# 前　言

回顾四十余年的国有企业改革历程，可以发现，在政企分开、扩大企业自主权、建立现代企业制度、统一国有资产监督管理等有关国有企业改革的关键问题上取得了重大突破。然而，我国国有企业改革发展中也存在着一些突出问题。正如 2013 年习近平总书记在《关于〈中共中央全面深化改革若干重大问题的决定〉的说明》中指出："经过多年改革，国有企业总体上已经同市场经济相融合。同时，国有企业也积累了一些问题、存在一些弊端，需要进一步推进改革。"在当年召开的中央经济工作会议上，习近平总书记指出了当前国有企业存在的一些主要问题，其中一个问题就是内部人控制、利益输送、国有资产流失严重。

如何加强和完善国有企业监管？党的十八大以来，对国有企业监管提出了新的要求。党的十八大报告指出，要"深化国有企业改革，完善各类国有资产管理体制"。党的十八届三中全会通过的《中共中央全面深化改革若干重大问题的决定》，对国有企业监管提出了具体要求。如完善国有资产管理体制，以管资本为主加强国有资产监管；推动国有企业完善现代企业制度；健全协调运转、有效制衡的公司法人治理结构；国有企业要合理增加市场化选聘比例，合理确定并严格规范国有企业管理人员薪酬水平、职务待遇、职务消费、业务消费；等等。《中共中央、国务院关于深化国有企业改革的指导意见》指出："进一步完善国有企业监管制度，切实防止国有资产流失，确保国有资产保值增值。"党的十九届三中全会通过的《深化党和国家机构改革方案》，要求通过改革国家审计管理体制，加强对国有企业审计监督。

美国作为成熟定型的市场经济国家和最大经济体，具有上百年的国有企业发展史。在联邦、州政府层面上，美国均存在一定数量、规模的国有企业。美国管理和监督国有企业有较长的历史，制定并实施一系列旨在加强和完善国有企业监管的法律、政策举措，在国有企业外部监管、内部监督、信息披露监管等方面显示出诸多特点。尽管中美两国的经济体制、政治制度和发展阶段不同，国有企业监管的体制机制、方式方法等存在较大差别，但美国国有企业在很大程度上体现了市场经济体制要求和国有企业特点，有些监管经验和做法能够为我们深化我国国有企业监管提供经验参考。当然，必须要注意的是，我国国有企业是社会主义公有制的重要实现形式，是国民经济的重要支柱，这与美国国有企业的性质和地位是不同的。因此，要理性、客观地对待美国国有企业性质、地位、功能以及具体监管经验和做法，不能盲目照搬照抄。

本书共分七章，对上述问题进行研究。

第一章，绪论。从回顾我国国有企业改革的历程出发提出问题，随后对美国联邦政府公司和政府支持企业的概念进行界定，将研究范围界定为联邦政府公司。接下来对本书的研究方法、可能的创新点、不足之处以及本书研究思路等问题进行阐述。

第二章，理论回顾与文献综述。作为研究的理论起点，本书首先对委托代理理论和公司治理理论进行了回顾。然后梳理了有关联邦政府公司的研究文献，以及学者对典型国家国有企业监管研究的有关文献。

第三章，美国联邦政府公司的产生与发展。首先从理论缘由、现实背景、建立方式三方面研究联邦政府公司成立背景，从规模和产业布局两方面对联邦政府公司发展现状进行分析，从而比较全面系统地了解联邦政府公司的基本状况。

第四章，联邦政府公司外部监管。主要从监管主体、监管内容、监管方式三个角度，对联邦政府公司进行研究。本章指出，立法机构、行政机构和社会公众成为美国联邦政府公司外部监管的主体，但国会在联邦政府公司外部监管体系中居于主导地位。就监管内容而言，涉及人事管理、财务控制和价格管制三方面。此外，还从审计监督和绩效考核两方面对联邦政府公司监督方式进行研究。

第五章，联邦政府公司内部监管。主要研究联邦政府公司董事会治理和监察长办公室对联邦政府公司的监督机制。本章指出，联邦政府公司的组织结构基本相似，基本上形成了董事会决策、经理层执行、监察长办公室监督的内部监管框架。

第六章，联邦政府公司信息披露监管。主要是系统梳理联邦政府公司强制性信息披露法律制度体系，在此基础上，从真实性、完整性、及时性三个维度对联邦政府公司经营信息、监察信息披露现状进行分析评价。

第七章，研究结论及若干启示。主要就联邦政府公司监管制度问题进行总结，并提出若干启示。

**徐孝新**

2019 年 7 月

# 目　录

# 第一章 绪论

## 第一节 研究背景

回顾四十余年的国有企业改革历程，可以发现，在政企分开、扩大企业自主权、建立现代企业制度、统一国有资产监督管理等有关国有企业改革的关键问题上取得了重大突破。然而，我国国有企业改革发展中也存在着一些突出问题。正如2013年习近平总书记在《关于〈中共中央全面深化改革若干重大问题的决定〉的说明》中指出："经过多年改革，国有企业总体上已经同市场经济相融合。同时，国有企业也积累了一些问题、存在一些弊端，需要进一步推进改革。"① 在当年召开的中央经济工作会议上，习近平总书记指出了当前国有企业存在的一些主要问题：一些国有企业市场主体地位尚未真正确立，现代企业制度尚不健全，国资监管体制需要完善，国有资本运行效率有待进一步提高，内部人控制、利益输送、国有资产流失严重，企业办社会职能和历史遗留问题还很多。其中，最突出问题在于借改制名义侵吞国

① 《关于〈中共中央关于全面深化改革若干重大问题的决定〉的说明》，2013年11月13日，http：//www. xinhuanet. com/photo/2013 －12/13/c_ 125857613. htm.

有资产（宋方敏，2017）。2014 年，习近平总书记在中央全面深化改革领导小组第四次会议上明确指出，改革开放以来，中央管理企业负责人薪酬制度改革取得积极成效，对促进企业改革发展发挥了重要作用，同时也存在薪酬结构不尽合理、薪酬监管体制不够健全等问题（张国，2018）。因此，加强国有监管、提高国有经营效率、效果成为新时期国有企业改革的重要内容之一。

如何加强和完善国有企业监管？党的十八大以来，对国有企业监管提出了新的要求。党的十八大报告指出，要“深化国有企业改革，完善各类国有资产管理体制”。党的十八届三中全会通过的《中共中央全面深化改革若干重大问题的决定》，对国有企业监管提出了具体要求，如完善国有资产管理体制，以管资本为主加强国有资产监管；推动国有企业完善现代企业制度；健全协调运转、有效制衡的公司法人治理结构；国有企业要合理增加市场化选聘比例，合理确定并严格规范国有企业管理人员薪酬水平、职务待遇、职务消费、业务消费；等等。《中共中央、国务院关于深化国有企业改革的指导意见》指出：“进一步完善国有企业监管制度，切实防止国有资产流失，确保国有资产保值增值。”党的十九届三中全会通过的《深化党和国家机构改革方案》，要求通过改革国家审计管理体制，加强对国有企业审计监督。习近平总书记在系列讲话中进行总体战略部署。一是加强国有企业监管、防止国有资产流失。习近平总书记在 2015 年 1 月中央纪律检查委员会第五次全体会议上强调指出：“着力完善国有企业监管制度，加强党对国有企业的领导，加强对国企领导班子的监督，搞好对国企的巡视，加大审计监督力度。”二是完善国有企业监督制度体系。2015 年，中央深改组第十三次会议通过的《关于加强和改进国有企业资产监督防止国有资产流失的意见》中，习近平总书记作出具体部署，建立全面覆盖、分工明确、协同配合、制约有力的国有资产监督体系和责任追究制度，形成一个包括企业党委监督、职工民主监督、全民“出资人”监督审计、党的纪检部门巡视监督机制，以及公众、媒体等的社会监督在内的国有企业法人治理监督机制（宋方敏，2017）。三是强化对国有企业领导人员的管理。包括规范国有企业负责人薪酬待遇、根除职务消费，强化对关键岗位、重要人员尤其是一把手的监督管理，完善“三重一大”决策监督机制（张国，2018）。四是信息公开，加强社会监督。习近平总书记指出：“改革关键是公开透明。”要完善国有资产和国有企业信息公开制度，建立统一的信息公开网络平台，及时准确披露国有资本整体运营和监管、国有企业公司治理以及管理架构、经营情况、财务状况、关联交易、企业负责人薪酬等信息，建设阳光国企（宋方敏，2017）。

国有企业并不为社会主义国家所独有，世界各国普遍存在国有经济，即使市场经济体制成熟的发达国家也存在着一定数量、规模的国有企业。国有企业独立于经济制度而普遍存在，源于国有企业具有无法被私有企业替代的公共属性，即克服市场失灵和承担国家赋予特殊职能。市场作为一种有效的资源配置方式，前提条件是不存在外部性、公共物品以及信息不对称等市场失灵现象，但这一假设条件在现实经济中并不成立。尽管政府可以通过某种财政、金融等政策工具进行干预以矫正市场失灵，但国有企业是一种有效途径。20 世纪八九十年代，西方资本主义国家进行的大规模私有化改革浪潮，只不过是缩小国有企业数量规模、调整国有经济产业布局而已，并没有永久放弃公共供给和彻底取消国有企业。在 2007 年席卷全球的美国次贷危机救助方案中，美国、英国、德国等国采取了国有化措施应对金融危机。

美国作为成熟定型的市场经济国家和最大经济体，具有上百年的国有企业发展史。在联邦、州政府层面上，美国均存在一定数量、规模的国有企业。美国管理和监督国有企业有较长的历史，制定并实施一系列旨在加强和完善国有企业监管的法律、政策举措，在国有企业外部监管、内部监督、信息披露监管等方面显示出诸多特点。尽管中美两国的经济体制、政治制度和发展阶段不同，国有企业监管的体制机制、方式方法等存在较大差别，但美国国有企业在很大程度上体现了市场经济体制要求和国有企业特点，有些监管经验和做法能够为我们深化国有企业监管提供经验参考。当然，必须要注意的是，我国国有企业是社会主义公有制的重要实现形式，是国民经济的重要支柱，这与美国国有企业的性质和地位是不同的。因此，要理性、客观对待美国国有企业性质、地位、功能以及具体监管经验和做法，不能盲目照搬照抄。

## 第二节　研究范围

美国国有企业数量究竟有多少，目前尚无定论。正如米什勒、雷维森卡（2012）指出，美国国有企业有着各种不同的称谓，如管理局、政府公司、混合所有制公司、政府赞助企业、特别基金管理机构、基金会、银行、总署或总局、管理委员会、处理专门事务的委员会、代理机构等，由于分类和定义上的问题，难以摸清国有企业的准确数量。在1982年美国总审计局财产目录中指出，由美国国会创办或授权的政府公司达到57个。因此，为了研究便利，本书着重研究联邦政府公司监管制度。

### 一、联邦政府公司

美国官方并未对联邦政府公司（federal government corporation）的概念进行过正式定义，只是以联邦法律的形式将政府公司（government coporation）定义为“由美国政府所有或控制的公司”①（5 U. S. C. 103）。并且在《政府公司控制法》（Government Corporation Control Act）中将政府公司区分为“混合所有制政府公司（mixed-ownership government corporation）和政府独资公司（wholly owned government corporation）”②，并认定了25家政府公司③，其中，混合所有制公司10家，政府独资公司15家，如表1－1所示。

表1－1　《政府公司控制法》所界定的政府公司

| 混合所有制政府公司 | 政府独资公司 |
| --- | --- |
| 中央合作银行（Central Bank for Cooperatives）、联邦存款保险公司（Federal Deposit Insurance Corporation）、联邦住 | 商品信贷公司（Commodity Credit Corporation）、社区发展金融机构基金（Community Development Financial Institutions Fund）、美国进出口银行（Export-Import Bank of the |

① 美国法典第5章第103节第1款。

② 美国法典第31章第9101节。

③ 宾西法尼亚大道发展公司（Pennsylvania Avenue Development Corporation）、乡村电话银行（Rural Telephone Bank）分别于1996年和2008年解散。

续表

| 混合所有制政府公司 | 政府独资公司 |
| --- | --- |
| 房贷款公司（Federal Home Loan Banks）、联邦中间信贷银行（Federal Intermediate Credit Banks）、联邦土地银行（Federal Land Banks）、国家信用社管理局中央流动资金服务中心（National Credit Union Administration Central Liquidity Facility）、区域合作银行（Regional Banks for Cooperatives）、融资公司（Financing Corporation）、清算信托公司（Resolution Trust Corporation）、债券发行公司（Resolution Funding Corporation） | United States）、联邦农作物保险公司（Federal Crop Insurance Corporation）、联邦监狱工业公司（Federal Prison Industries）、国民社区服务公司（Corporation for National and Community Service）、房利美（Government National Mortgage Association）、海外私人投资公司（Overseas Private Investment Corporation）、养老金福利担保公司（Pension Benefit Guaranty Corporation）、联邦住房管理局基金（Federal Housing Administration Fund）、圣劳伦斯航道发展公司（Saint Lawrence Seaway Development Corporation）、田纳西河流域管理局（Tennessee Valley Authority）、巴拿马运河管理委员会（Panama Canal Commission）、千年挑战公司（Millennium Challenge Corporation）、国际清洁能源基金会（International Clean Energy Foundation） |

资料来源：根据 31 U. S. C. 9101 整理而得。

美国国家公共管理学院（National Academy of Public Administration, NAPA）对混合所有制政府公司和政府独资公司的概念进行了界定，认为政府独资公司是根据法律授权以执行特定任务为目的而成立的一种企业形式，其经费来源于政府拨款，资产归政府所有，并且由总统或部长任命的董事会或行政官员实施管理；混合所有制政府公司是一种公私产权混合，由总统和私人股东推选的董事会负责管理，并倾向于转化为私有部门的企业（NAPA, 1981）。弗鲁姆金（Froomkin, 1995）指出，当时美国共有 40 家获得国会授权的政府公司，但这种政府公司范围较为宽泛，包括联邦政府独资企业、政府支持企业以及公私混合所有制企业。而美国政府问责办公室（1995）则指出，在 1994 财政年度，美国共有 22 家政府公司。

对于联邦政府公司，美国法典尚未提及，学术界也没能给出一个更加清晰的概念。较为准确的定义体现在国会研究服务（Congressional Reserch Service）于 2011 年向美国国会提交的一份研究报告。在该报告中，联邦政府公司被定义为由美国国会设立、以执行共同意图为目的、向社会提供以市场为导向的商品和服务，并以此获取收入来补偿其支出的联邦机构。该定义充分揭示了联邦政府公司的特殊性，这种特殊性表现公共性和营利性两个方面。

具体而言，公共性体现在联邦政府公司的目标上，其成立目的不是赚取更多的商业利润，也不与其他私有企业竞争，仅执行政府特定公共政策意图。同时，它还具有企业营利性的一面，与政府机构、非营利组织不同，联邦政府公司须向市场销售产品或服务，获取相应销售收入，赚取适当利润，并以此维持企业的正常运营。此外，从成立方式看，联邦政府公司依据国会单独立法而设立，不同于一般企业适用于各州统一的公司法。

本书借鉴科萨（Kosar，2011）对于联邦政府公司的定义。同时，将美国国有企业的研究范围限定为联邦政府公司。目前，美国联邦政府公司数量仅十余家，AMTRAK①、EXIM、FDIC、PBGC、TVA、USPS 六家公司②是本书研究的重点。

## 二、政府支持企业

与联邦政府公司极易混淆的一类企业为政府支持企业（government-sponsored enterprise）。《国会预算法修正案（1990）》③ 将政府支持企业定义为依据美国联邦法律成立的一个法人实体，并对其特征进行了明确、具体的阐述。主要有以下特征：（1）获得联邦法律授权的经营许可证；（2）为私人所有，公司股票为私人团体或者是个人持有；（3）公司由其董事会负责管理，且大多数董事在私人股东中自行选举产生；（4）是金融机构，有权向特定借款者或者是某一部门提供贷款和担保业务，有权通过借款筹集资金（未获得联邦政府信用担保）或者为其他机构债务提供无限制担保；（5）无权要求政府对其进行财务担保；（6）员工薪水及经营支出自行承担，公司员工不是联邦雇员，也不受美国法典第 5 章关于联邦政府雇员等法律条款规定的限制。

从本质上讲，政府支持企业是美国联邦政府特许经营的私人企业。联邦

① AMTRAK 为美国国家铁路客运公司（National Railroad Passenger Corporation）的简称，其他联邦政府公司的全称及简称对照表如附录一所示。

② 代表性美国联邦政府公司基本情况如附录二所示。

③ 美国法典第 2 章第 622 节第 8 款。

政府通过立法的途径，授予部分企业特许经营权以执行政府特定公共意图。目前，美国政府支持企业有5家①，分别是农业信贷系统（Farm Credit System）、联邦住房贷款银行系统（Federal Home Loan Bank System）、联邦国民抵押协会（Federal National Mortgage Association，Fannie Mae）（以下简称为“房利美”）、联邦住房抵押贷款公司（Federal Home Loan Mortgage Corporation，Freddie Mac）（以下简称为“房地美”）、联邦农业抵押公司（Federal Agricultural Mortgage Corporation）。这5家政府支持企业均为金融机构，通过贷款或贷款担保等方式为美国农业和城乡居民住房提供金融服务支持，如表1-2所示。

**表1-2　政府支持企业基本情况**

| 授权时间 | 公司名称 | 法律依据 | 主营业务 |
|---|---|---|---|
| 1916年 | 农业信贷系统② | 《1916年联邦农业贷款法（Federal Farm Loan Act of 1916)》 | 农业贷款 |
| 1932年 | 联邦住房贷款银行系统 | 《1932年联邦住房贷款银行法（Federal Home Loan Bank Act of 1932)》 | 住宅抵押 |
| 1968年 | 房利美 | 《1968年住房与城市发展法（Housing and Urban Development Act of 1968)》 | 二级市场住房抵押贷款 |
| 1970年 | 房地美 | 《1970年应急住房金融法（Emergency Home Finance Act of 1970)》 | 二级市场住房抵押贷款 |
| 1987年 | 联邦农业抵押公司 | 《1987年农业信贷法（Agricultural Credit Act of 1987)》 | 农业抵押 |

资料来源：作者自行整理。

## 三、联邦政府公司与政府支持企业之间的关系

从表面上看，美国联邦政府公司与政府支持企业在某些方面相似甚至相同，但二者却存在着本质性差异。

① 学生贷款市场协会（Student Loan Marketing Association，通常被称之为Sallie Mae）起初也是一家政府支持企业，创建于1972年。2004年，国会终止其特许经营权，并转型为私人企业。

② 目前授权法律是Farm Credit Act of 1971。

联邦政府公司与政府支持企业的外在表象上存在着某些相似点或共同点，主要体现在四个方面：一是它们都是依据联邦特殊法而设立的，而非各州公司法；二是它们设立的目的在于执行特定政府意图而非一般私有企业所追求的股东利益最大化，由各联邦政府公司（或政府支持企业）特殊法具体规定；三是它们的经营范围受到严格的法律管制，只能在法律授权的领域中从事经营活动，否则即为非法；四是它们在垄断或者寡头垄断型市场结构下运营，不与一般私人企业相竞争。因此，从这个角度看，联邦政府公司与政府支持企业之间无明显差异，以至于人们将二者混为一谈，不做区分。

实际上，如果抛开外在表象，从产权属性上分析，可以发现二者确实存在着本质区别。联邦政府公司是联邦政府出资并依法设立，联邦政府是联邦政府公司的所有权主体，本质上是区别一般私有企业的国有企业。尽管政府支持企业与一般私有企业在某些方面存在着显著差异（如在设立方式上，政府支持企业是根据联邦特殊法设立，而一般私有企业是根据各州公司法设立），但二者本质上却是相同的，即它们都是由私人出资并为私人拥有的企业。如果要对政府支持企业与一般私有企业进行区分的话，政府支持企业在美国是一种特殊的私有企业，除了在设立依据、经营范围等方面的差异之外，最显著的差异莫过于联邦政府有权依据联邦法律对政府支持企业进行临时性干预政策。例如，次贷危机爆发后，联邦政府授权美国财政部向房利美、房地美注资，收购优先股股票，更换公司领导层，“两房”成为事实上的国有企业。不过，干预措施只是一种临时性的救济方案，当联邦政府从“两房”退出之时，也就是“两房”还原政府支持企业本质之时。退出不会遥遥无期，白宫关闭“两房”的传言在2011年就已经出现，并愈演愈烈。到了2014年，参议院金融委员会便提出了逐步关停政府抵押贷款公司的立法草案，并直接导致了“两房”股价的重挫①。因此，从本质上，政府支持企业

① 2014年3月11日和12日，两房股价分别重挫约40%和15%，直接导火索是参议院金融委员会提出了一份有关美国政府逐步退出住房抵押贷款公司的立法草案。

终究是一种私有企业。除了在所有制性质上的区别之外，联邦政府公司与政府支持企业之间的另外一个显著不同体现在融资渠道上。根据有关法律规定，联邦政府公司无权公开发行股票并上市融资，而政府支持企业却可以这样做。

## 第三节 研究方法

本书综合运用多种研究方法对该问题进行研究。主要的研究方法有两个：一是文献研究法；二是个案研究法。

### 一、文献研究法

文献是进行科学研究的基础。本书在参考已有学术文献研究成果的基础上，通过对原始文献资料进行梳理与总结，并从中归纳出一些美国联邦政府公司监管一般性特征。本书所采用的文献主要以原始文献为主，尤其在分析、总结美国联邦政府公司监管问题时，基本上依据于原始一手文献。这些文献可以分为以下几类。

（1）报告、计划类，主要参考了近年来部分联邦政府公司年报、季报和临时报告、监察长办公室半年报，部分联邦政府公司长期发展规划、年度业绩考核计划、年度业绩报告、年度预算请求报告以及其他报告等。

（2）法律类，主要参考了各联邦政府公司特殊法，以及《监察长法》①《自由信息法》《政府公司控制法》《政务公开法》《1993 年政府业绩与结果法》等。

（3）有关标准与培训课程，如《一般公认政府审计准则（2011 修订版）》《调查质量准则（2011）》《检查与评估质量准则（2012）》《数字取证

---

① 《1978 监察长法》颁布实施后经过多次修订，除非为了突出某一次修订内容增加或变更，抑或是强调某一条款具体内容，需要明确具体年份，如《1988 监察长法》《2008 监察长法》，一般情况下统称为《监察长法》。

质量准则（2012）》《监察长办公室质量准则（2012）》等，以及监察长诚信与效率委员会2013～2014财政年度的有关培训课程。

### 二、个案研究法

个案研究的优势在于，能够对某一（类）特定对象进行深入、系统的研究，不足之处在于可能忽视对特定对象一般性特征或规律。本书在进行个案研究时，并不是仅仅研究某一家联邦政府公司，而是对几家联邦政府公司进行分析和总结。在书中对联邦政府公司监管问题的考察中，主要研究了AMTRAK、EXIM、FDIC、PBGC、TVA、USPS 6家企业，但在某些问题上以1家或2家企业为主。之所以采用个案研究法，一方面，从可行性上讲，原因在于企业数量较少，大型联邦政府公司的数量在10家以内，这为本书进行个案研究提供了现实可能性；另一方面，进行个案研究也是出于研究必要性的需要，理由是各联邦政府公司依据各联邦政府公司特殊法单独设立，并不存在一个适用于所有联邦政府公司运行的统一的法律、法规，联邦政府公司监管体制存在个体差异，且监管的方式、重点也存在一定的区别，在对联邦政府公司监管体制一般性规律进行总结的基础上，以某一（些）企业的某些内容具体研究，能够全面掌握联邦政府公司的特殊性。

## 第四节　研究思路

本书在界定联邦政府公司的概念及研究范围后，回顾了国有企业监管的有关理论、梳理了相关文献，并对美国国有企业的产生背景与发展现状进行分析。在此基础上，重点从外部监管、内部监管以及信息披露监管三方面入手，对美国联邦政府公司监管制度进行系统研究，最后就研究内容提出了若干讨论。本书研究思路如图1－1所示。

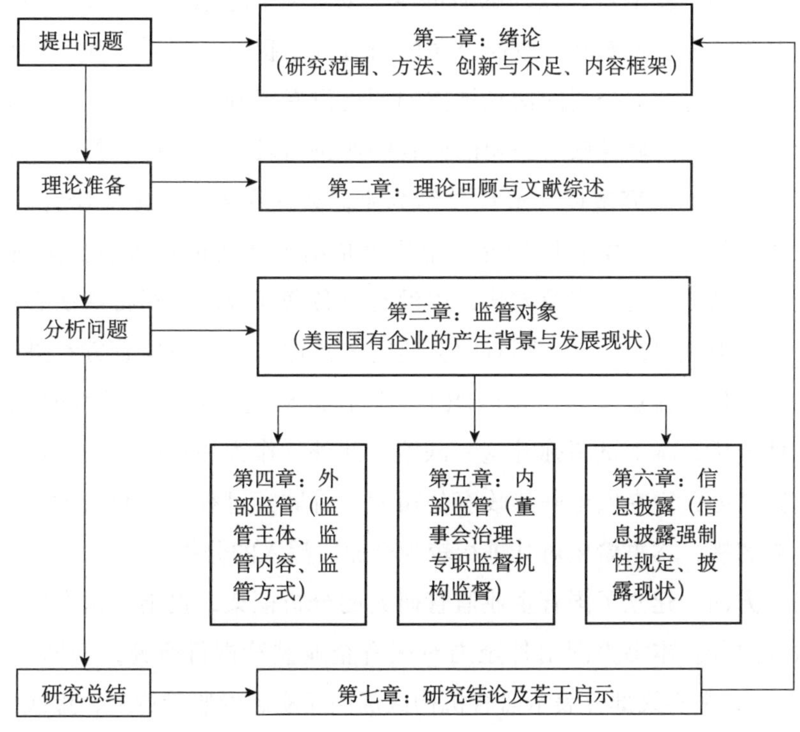


**图 1－1 本书研究框架**

## 第五节 创新与不足

### 一、可能的创新

本书可能的创新点体现在两个方面。

一方面，在个案研究的基础上，对美国联邦政府公司的监管体制进行了较为系统的研究总结，挖掘出一些好的做法和认识。在以国别为对象对西方国家的国有企业进行研究时，与法国、德国、英国等国相比，美国国有企业的相关研究相对较少，尤其对其监督体制的研究则更少。通过梳理以往有关美国国有企业监管的研究文献，发现有必要在研究的广度与深度上进一步加强。就研究的广度上看，以往的研究主要集中在国会监管与董事会治理上，而对于监察长办公室对联邦政府公司的监管并未提及，同时作为一种有效的监管手段，联邦政府公司的信息披露问题也没有得到足够的重视。本书希望从以上几个方面对联邦政府公司的监管问题进行较为系统的分析。从研究的深度看，以往的研究多以一般性总结为主，缺乏深入、具体的研究。例如，在国会监管问题上，学者们研究的结论仅指出国会通过立法手段实施监管，但忽视了国会监管的内容及方式，更没有对各联邦政府公司特殊法有关监管问题进行一般性总结，本书则对国会监管的具体内容以及监管方式进行了较为深入的分析。在董事会治理问题上，以往的研究也是以总结性研究为主，缺乏具体分析，本书试图弥补这一缺陷。此外，作为一种有效的内部监管力量，监察长办公室在实施联邦政府公司的监督监察过程中所起到的积极作用也一直被忽视，本书希望对其进行较为全面、深入的分析。

另一方面，建立了国有企业监管研究的分析框架，提出了国有监管的主要手段和途径。本书力图由外至内对国有企业监管进行研究，如图 1 –2 所示。图 1 –2 中实线部分表示监管机构或部门所实施的监管行为，虚线部分代表被监管者向监管者所进行的信息披露行为。外部监管是将国有企业作为一个整体，研究外部监管主体（主要包括立法机构、行政机构以及社会公众）对其所实施的监管活动以及所采取的监管方式。内部监管将监管的重心转移至企业内部，主要研究董事会和监察长办公室所实施的监督与管理活动。本书强调内部监管和外部监管必须紧密结合，在缺乏外部监管的条件下内部监管难以奏效。无论是外部监管还是内部监管，信息披露都是一种重要的监管手段。

## 二、存在不足

在研究方法和研究内容两个方面，本书均存在着不足，有待进一步研究。

在研究方法上，由于掌握的数据有限，影响国有企业监管的因素过于复杂，本书未能建立数理模型并以此进行经济计量分析。本书研究的主题是以联邦政府公司为研究对象，探讨美国国有企业监管问题，而国有企业监管较

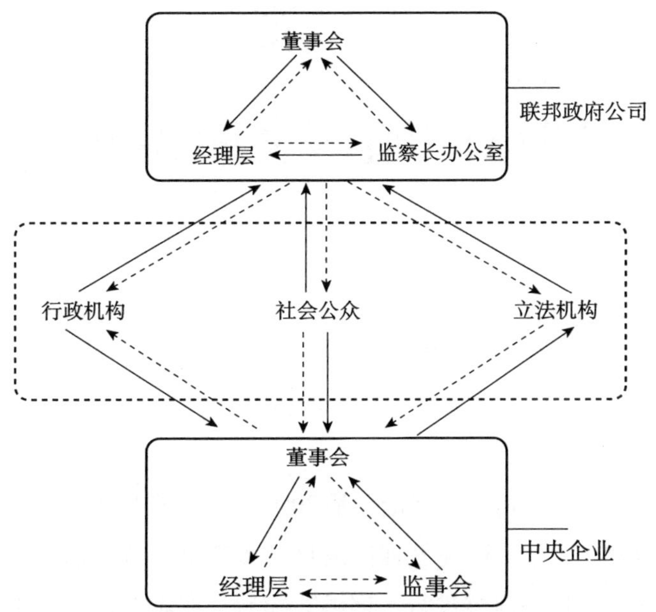


**图 1-2 国有企业监管分析框架**

多地与一个国家的政治、经济、法律制度相联系，受政策性因素的影响较多，总结联邦政府公司监管经验与做法基本能够达到研究美国国有企业监管制度的目的。不过，若要对国有企业监管的效率、效果进行研究时，有必要构建数理模型或经济计量模式对此进行实证研究。

在研究内容上，也存在着一些不足，主要体现在对美国联邦政府公司监管问题的一些文献研究不够全面、深入。在研究美国联邦政府公司过程中，学术研究型文献极少，而原始文献极其丰富。然而，由于一些法律和报告的内容十分冗长，时间不允许对这些文献进行全面、深入、细致地研究，只能围绕本书需要有选择性地进行重点研读，可能遗漏了某些重要信息。同时，对某些经济、法律术语的理解可能不够准确。

# 第二章
# 理论回顾与文献综述

委托代理理论和公司治理理论，是20世纪后半期以来经济学研究领域中的两个重要内容。为本书研究做理论铺垫，本章第一节分别对委托代理理论和公司治理理论的相关内容进行了回顾。随后，在本章第二节中，对美国联邦政府公司和典型国家国有企业监管的有关文献进行了梳理。

## 第一节　理论回顾

### 一、委托代理理论

委托代理理论主要研究在不对称信息和利益冲突条件下，委托人与代理人之间的激励机制与约束机制问题。罗斯（Ross，1973）指出，“如果当事人双方，其中代理人一方代表委托人一方的利益行使某些决策权，则代理关系就随之产生了”。詹森和麦克林（Jensen & Meckling，1976）定义委托代理关系为“一个人或一些人（委托人）委托一个或一些人（代理人）根据委托人利益从事某些活动，并相应地授予代理人某些决策权的契约关系”。普拉特和泽克豪泽（Pratt & Zeckhauser，1985）认为，“只要一个人依赖另一个人的行动，那么委托代理关系便产生了，采取行动的一方为代理人，受影响的一方为委托人”。格罗斯曼和哈特（Grossman & Hart，1986）认为，广义的代理关系泛指承担风险的委托人授予代理人某些决策权并与之订立或明或暗的合约。狭义的代理关系则专指公司的治理结构，即作为委托人的出资人授予代理人（经理人员）在合约（如公司章程）中明确规定的权利（控制权），凡是在合约中未经指定的权利（剩余索取权）归属委托人。《新帕尔格雷夫经济学大辞典》则是从历史演进的角度作出如下的定义：一个代理人就是受雇于另一个叫作委托人的人，并为其采取某种行动。委托代理关系广泛存在于现实生活中，只要一方委托另一方为自己服务，他们之间就存在着委托代理关系。比如说，患者与医生之间，患者为委托人，医生为代理人，患者委托医生为其提供医疗诊治服务，患者与医生之间存在着委托代理关系。再比如，老板与雇员之间，老板是委托人，雇员是代理人，雇员按照老板的要求完成开展工作，老板与雇员也存在着委托代理关系。本书中所指的委托代理关系，仅限于公司治理结构中股东与经理之间，即格罗斯曼和哈特所提出的狭义上的委托代理关系。

（一）委托代理理论的起源与发展

委托代理理论作为现代微观经济学的重要理论组成部分，是伴随着企业制度的变化而逐步形成的。在业主制时代，业主是企业的唯一股东，集企业的所有权、经营权于一身；同时，完全独自享有企业的剩余控制权与剩余索取权。在这种条件下，企业的所有权与经营权，以及剩余控制权与剩余索取权尚未出现分离，完全归业主一人所有，业主既是企业的委托人，也是企业的代理人。因此，在这种情况下，由于不存在实际意义上的委托人和代理人，也就谈不上委托代理问题了。随着生产力的发展以及社会分工的扩大，业主制企业受到规模限制的弊病愈加明显，而合伙制企业优势凸显并替代了业主制成为一种重要的企业组织形式。合伙制企业的特点是企业股东由一人增至多人，同时，企业的生产经营管理由部分股东负责。在合伙制阶段，企业的委托人为全体股东，而代理人则由部分股东组成，企业的所有权与经营权在一定程度上实现了分离。在合伙制企业制度下，尽管委托代理问题已经出现，但依旧尚未出现现代意义上的所有权与经营权完全分离情况下的委托代理关系。

工业革命的发展以及资本社会化的巨大影响，公司制成为企业的一种基本组织形式。在公司制阶段，股东的数量有了爆发性增长，股东直接参与企业投资决策、经营管理活动并未实现。同时，企业管理的复杂性、专业性远非业主制与合伙制时代所能相比，聘请经理人员负责管理企业已成为客观必然。在公司制企业制度下，企业股东完全从企业的经营管理活动中“解放”出来，股东根据其出资额多少以投票的方式选择经理人来负责企业的经营管理。企业的所有权与经营权实现了彻底的分离。在经济学的经典假设——“经济人”体系中，股东与经理人员的目标函数由于信息不对称及客观世界不确定性得到进一步强化，股东与经理人在各自实现自身利益最大化目标时出现了冲突与对立。

委托代理理论思想早已反映在亚当·斯密的经典之作《国富论》中。在《国富论》第五篇中，亚当·斯密指出，“股份公司的经营总是由董事会管理。诚然，这个董事会在许多方面要接受股东大会的领导。……不过，由于这些公司的董事们认为他们是在为他人理财，而不是为他们自己理财，所以也不能指望他们能像私人合伙公司的股东那样对公司财务进行细心周到的管理。就像富人的管家常认为注重一些小事有辱主人的荣誉一样，很容易把它们弃之不管。因而，在公司事务的管理上必然就总是产生疏忽和浪费”。[①] 因此，我们可以看出，亚当·斯密已经认识到委托代理问题。

伯利和米恩斯（Berle & Means，1932）在对美国 200 家大公司的所有权结构进行研究后，提出了公司所有权与经营权分离问题。20 世纪 70 年代，伴随着对博弈论与信息经济学研究的深入，委托代理理论研究获得了快速发展。斯彭斯和泽克豪泽（Spence & Zeckhavser，1971）、罗斯（Ross，1973）、米尔斯（Mirress，1974）、霍姆斯特姆（Holtmstrom，1982）、格罗斯曼与哈特（Grossman & Hart，1983）等人，均对委托代理理论进行了深入系统的研究，其主要任务是通过最优契约安排对代理人行为进行有效激励。目前，从

① ［英］亚当·斯密．国富论（修订本）［M］．谢祖军，译．北京：中华书局，2012：658－659.

委托人、代理人参与数量以及任务量来看，委托代理理论已从传统的单一委托人发展到多个委托人、单一代理人发展到多个代理人、单任务发展到多任务；委托代理理论研究模型也由传统的静态模型发展到动态模型；研究领域也在不断拓宽，并针对不同研究问题形成了特色鲜明的理论模型，如声誉模型、棘轮效应模型、退休模型、选择模型、合作模型等。

（二）委托代理问题及其解决办法

1. 委托代理问题的产生。

委托代理问题尤指代理人的“道德风险”问题，产生于委托人与代理人最大化个人效用的矛盾冲突。企业委托代理问题主要表现在两个方面：一是损公肥私，即利用职务之便谋取个人私利，甚至于以牺牲股东利益为代价；二是偷懒，不努力工作。委托代理问题之所以产生，这是由多种原因共同作用的结果，如委托人与代理人之间效用函数不一致性、信息不对称性、契约不完备性以及责任不对等性。

效用函数的不一致性是导致委托代理问题出现的根本原因，表现为委托人与代理人有着各自不同的目标。以公司委托代理问题为例，股东一方为委托人，期望代理人——经理能够忠诚无私地努力工作，以实现公司利润最大化，但代理人同样会最大化个人效用函数。问题在于，公司利润函数最大化与经理效用函数最大化的解之间出现矛盾。因为经理效用函数最大化的必要条件是公司向经理支付更高的薪酬、更舒适的办公条件、优厚的在职消费待遇等，但这些费用是公司的实际成本支出，其支付数额越多，则公司的利润就越低，也就越影响股东剩余价值最大化的实现。

信息不对称性是委托代理问题产生的客观条件，它指的是委托人、代理人双方所拥有的信息资源差异，即一方参与人拥有另一方所不拥有的信息，一方所掌握的信息量多，而另一方则少，因而在信息拥有量上存在着不对等。一般地，信息不对称有两种来源：一是因参与人双方所拥有的知识信息的不对称；二是源于参与人行动信息的不对称，尤其是代理人的隐藏行动信息。知识信息的不对称发生在参与人双方签约之前，易导致“逆向选择”问题的出现；行动信息的不对称发生在签约之后，表现为代理人隐藏行动信息所引起的“道德风险”问题。无论是“逆向选择”还是“道德风险”，都是对市场最优配置资源机制的破坏。

契约的不完备性也是导致委托代理问题出现的原因之一。契约的不完备性源于现实世界的不确定性、个人有限理性以及成本收益比较分析结果。委托人与代理人的委托代理任务最终以正式或非正式契约的形式确定下来，在契约制定的过程中，以现时的个人有限理性来应对未来的不确定性状况，并以此签订一个包含未来所有可能情况的契约是不现实的。即便是能够签订这样一个契约，其制定成本将十分巨大，并且当违约行为发生后在执行惩罚措施的代价也会异常困难。因此，委托人与代理人只能就交易事项签订一份不完备的契约，正因为如此，在个人机会主义的反向激励下，也会导致委托代理问题的出现。

责任的不对等性在委托人与代理人签订契约之时就已经发生。仍以公司为例进行说明，经理人享有经营控制权，但不对其经营后果承担责任，经营不善所导致的亏损不由自己“埋单”，经理人的损失至多是部分货币收入和个人声誉；公司的所有者——股东让渡了公司的经营控制权，但要为经理人的经营结果负责。在实践中，即便经理人不直接作出投资决策，也会在相当大的程度上促成某些不符合股东剩余价值最大化决策的制定，但经理人不会对由此而造成的投资决策行为负责，后果却由委托人——股东承担。

2. 委托代理问题的解决办法。

委托代理关系一旦形成，委托代理问题就无法根除。对企业而言，不应忽视、更不能纵容委托代理问题的蔓延，而是应该通过机制设计，使其危害降低到最低程度。总体而言，委托代理问题的解决办法可以分为激励机制和约束机制。

激励机制的出发点是设计出一种制度安排，将代理人追求个人效用最大化的目标统一于实现委托人利益最大化目标之中，也就是说，代理人在最大化个人目标之时，也会自觉不自觉地增进委托人目标最大化的实现，从而使代理人自动地减轻甚至于消除“道德风险”问题。以工资激励机制为例，股东激励经理努力工作的常用模式是将固定工资与绩效工资相结合。在这一薪酬模式中，能够有效地将企业绩效与经理个人收入有机结合起来，经理要想得到更多的预期收入（当期固定收入与远期期望收入之和），就必须努力工作。在实际操作过程中，固定工资与绩效工资的比例关系可以灵活确定，同时，绩效工资的形式、期限多种多样。

约束机制可以从企业内部与外部分别进行。内部约束主要是在企业内部形成一种权力制衡与监督机制。通过建立企业规章制度，在企业内部形成明确的职责分工，对高级管理人员的权力进行合理分配，形成相互制约、相互监督的权力制衡机制。外部约束主要是利用企业外部力量，间接激励企业经理人努力工作。外部力量来源于市场竞争所产生的压力，包括产品市场、资本市场以及经理人市场上的竞争。在一个市场竞争体系完整、法制健全的经济环境下，企业经营效率的高低必将在产品市场、资本市场得以充分体现，并最终传递到经理人市场上，对经理人产生正向激励作用。

（三）委托代理理论的基本模型

经过几十年的发展，委托代理理论研究取得重大突破，并且应用于社会生产、生活之中。与此同时，委托代理理论的数理模型更加复杂、精致。但基本的委托代理理论模型仍旧是以经济人、最优化、不对称信息等假设条件为前提的。就以企业股东为经理之间的委托代理关系为例，对委托代理基本模型（张维迎，2004）进行简单论述。

首先假设存在一个不可控的外生变量 $\theta$，以及一个表示经理努力程度的一维变量 $\alpha$，且 $\alpha \in [0,1]$。记股东收入为 $\pi(\alpha,\theta)$，表明股东收入取决于经理的个人努力和外界不可控因素的共同作用；并假定 $\pi'_\alpha > 0$，且 $\pi''_\alpha < 0$，意味着股东收入与经理努力工作程度成正比，即经理越努力工作，股东收入就越多，但递增的幅度却在逐步减少。

再假定股东与经理的期望效用函数分别为 $v[\pi - s(\pi)]$ 和 $u[s(\pi)] - c(\alpha)$，其中，$s(\pi)$ 为股东支付给经理的报酬，$c(\alpha)$ 为经理所付出的成本。假设：$v'_\alpha > 0$，且 $v''_\alpha \leqslant 0$；$u'_\alpha > 0$，且 $u''_\alpha \leqslant 0$；$c'_\alpha > 0$，且 $c''_\alpha > 0$；这意味着股东与经理都是风险规避者，经理努力的边际负效用递增。股东与经理期望效用函数最大化存在着冲突，原因在于 $\pi'_\alpha > 0$ 和 $c'_\alpha > 0$。$\pi'_\alpha > 0$ 表明股东期望经理努力工

作，而 $c'_\alpha>0$ 则意味着经理要偷懒。只有股东向经理提出足够的激励，否则经理将不会按照股东的意志去努力工作。记 $F(\pi,\alpha)$ 和 $f(\pi,\alpha)$ 分别表示为在给定 $\alpha$ 下 $\pi$ 的条件分布函数和概率密度函数，并假定其余 $\pi(\alpha,\theta)$、$v(\cdot)$ 和 $u(\cdot)-c(\cdot)$ 都是共同知识。股东的期望效用函数可表示为：

$$(P)\int v[\pi-s(\pi)]f(\pi,\alpha)d\pi \tag{2.1}$$

股东要选择 $\alpha$、$s(\pi)$，以最大化股东期望效用函数。不过，股东面临着经理的两个参与约束：一是参与约束，即经理接受契约的条件是接受契约获得的期望效用不应少于拒绝契约所能获得的效用，即：

$$(IR)\int u[s(\pi)]f(\pi,\alpha)d\pi-c(\alpha)\geqslant\bar{u} \tag{2.2}$$

其中，$\bar{u}$ 为经理的保留效用，表示经理不接受契约时所能获得的最大期望效用值。

二是激励相容，即在给定经理的行动 $\alpha$ 和外生变量 $\theta$，股东总是选择使自己的期望效用最大化的行动 $\alpha$，因此，股东所期望的 $\alpha$ 都将通过经理最大化个人期望函数来实现。也就是，如果 $\alpha$ 是股东希望经理所进行的行动，$\alpha'\in A$ 是经理可选择的任何行动，那么，只有当经理从选择 $\alpha$ 中得到的期望效用大于从 $\alpha'$ 中得到的期望效用时，代理人才会选择 $\alpha$。激励相容条件可以表示为：

$$(IC)\int u[s(\pi)]f(\pi,\alpha)d\pi\geqslant\int u[s(\pi)]f(\pi,\alpha')d\pi-c(\alpha) \tag{2.3}$$

在约束条件（IR）和（IC）下，股东就是要选择 $\alpha$ 和 $\pi$ 以最大化期望效用函数（P），即：

$$\max_{\alpha,s(\pi)}\int v[\pi-s(\pi)]f(\pi,\alpha)d\pi \tag{2.4}$$

$$s.t.\ (IR)\int u[s(\pi)]f(\pi,\alpha)d\pi-c(\alpha)\geqslant\bar{u} \tag{2.5}$$

$$(IC)\int u[s(\pi)]f(\pi,\alpha)d\pi-c(\alpha)\geqslant\int u[s(\pi)]f(\pi,\alpha')d\pi-c(\alpha),\forall\alpha\in[0,1] \tag{2.6}$$

在涉及这一契约时，股东的问题是如何根据经理的行动来决定他应该支付给经理多少报酬，以及选择与哪些行为相一致的最低成本的激励方案。如果股东知道经理的行动（或者是经理的个人偏好），并且如果股东能够根据他所获得的信息知道经理会采取什么行动，即使这些行为不能被观测到，股东仍然可以找到最优契约解。然而，股东要面临上述两个约束条件。

下面的问题是如何处理激励相容约束条件（IC）。因为对于任何给定的契约 $s(\pi)$，激励相容意味着经理总是选择 $\alpha$ 以最大化个人的期望效用函数，进而必须要满足下列一阶条件：

$$\int u[s(\pi)]f_{\alpha}(\pi,\alpha)d\pi = c'(\alpha) \tag{2.7}$$

根据莫里斯和霍姆斯特姆“一阶条件方法”，构造如下拉格朗日函数 $L[s(\pi)]$：

$$\begin{aligned} L[s(\pi)] = & \int v[\pi - s(\pi)]f(\pi,\alpha)d\pi \\ & + \lambda\left\{\int u[s(\pi)]f(\pi,\alpha)d\pi - c(\alpha) - \bar{u}\right\} \\ & + \mu\left\{\int u[s(\pi)]f_{\alpha}(\pi,\alpha)d\pi - c'(\alpha)\right\} \end{aligned} \tag{2.8}$$

其中，$\lambda(>0)$ 是参与约束（IR）的拉格朗日乘数，$\mu(>0)$ 是激励相容约束（IC）的拉格朗日乘数。对于 $s(\pi)$ 而言，求解股东的最优化问题，得到最优激励契约的条件：

$$\frac{v'[\pi - s(\pi)]}{u'[s(\pi)]} = \lambda + \mu\frac{f_{\alpha}(\pi,\alpha)}{f(\pi,\alpha)} \tag{2.9}$$

为解释式（2.9）的含义，我们考虑当股东可以观察到经理行动时的最优契约。此时，激励相容约束是多余的，因为股东可以通过强制契约使经理选择股东所规定的行动，比如说，如果股东希望经理选择 $\alpha^*$，我将支付你 $\bar{w}$，否则我将支付你 $\underline{w} < \bar{w}$。那么，只要 $\underline{w}$ 足够小，经理就会选择 $\alpha^*$，因此，当股东可以观察 $\alpha$，我们只需考虑参与约束（IR）。此时构造的拉格朗日函数为：

$$L'[S(o)] = \int v[\pi - s(\pi)]f(\pi,\alpha)d\pi$$
$$+\lambda\left\{\int u[s(\pi)]\cdot f(\pi,\alpha)d\pi - c(\alpha) - \bar{u}\right\} \qquad (2.10)$$

最优化的一阶条件为：

$$\frac{v'[\pi - s(\pi)]}{u'[s(\pi)]} = \lambda \qquad (2.11)$$

式（2.11）即为帕累托最优风险分担条件。比较式（2.11）与式（2.9），在非对称信息情况下，式（2.9）右边多出了 $\mu\frac{f_\alpha(\pi,\alpha)}{f(\pi,\alpha)}$项，代表了激励相容约束的作用。其中，$\frac{f_\alpha(\pi,\alpha)}{f(\pi,\alpha)}$是似然率，表达了在观察结果 $\pi$ 中包含有关经理行动 $\alpha$ 的信息量。只要分布密度 $f(\pi,\alpha)$ 与努力水平 $\alpha$ 有关，$s(\pi)$ 就与 $\pi$ 有关。也就是说，当股东不能观测经理的行动时，帕累托最优风险分担是不可能达到的；为了使经理有积极性努力工作，经理必须承担一定风险。这就是所谓的激励与风险的矛盾。特别地，如果似然率$\frac{f_\alpha(\pi,\alpha)}{f(\pi,\alpha)}$是对 $\pi$ 单调递增的（即经理越努力，高产出出现的概率越大，因而较高的产出是较高努力的一个信号），那么，$s(\pi)$ 严格随 $\pi$ 增加而增加。

## 二、公司治理理论

### （一）公司治理的概念

中西方学者对“治理”一词的认识较早。在《孔子家语·贤君》中，便有“吾欲使官府治理，为之奈何”的语句，在这里，“治理”有“管理、统治”之意。英文“governance”源于拉丁文“gubernare”，意为“统治、驾驭”。不过，中外在较早地使用“治理”一词时，均带有浓厚的政治色彩，与政府管理密不可分。

对于公司治理（corporate governance），因涉及内容丰富，研究范围广泛，对其概念的理解也是从多个角度进行的，目前学术界尚未形成统一认识。主要有两个角度：一是基于股东利益的考虑，认为公司治理的中心问题在于维护股东利益，使其能够从资本投资中获得正常回报（Fama & Jensen，1983；林毅夫、李周、蔡昉，1997）；二是布雷尔（1995）、张维迎（1998）等人从利益相关者的角度出发，将股东利益与政府、债权人、员工、董事会、经理层、顾客、供应商等利益相关者的利益放置于同等重要的位置上，并将公司治理理解为股东与利益相关者之间的关系以及规定其关系的一种制度安排。同时，还可以从狭义和广义的角度对公司治理进行理解。狭义上的理解基于股东与经理层之间的关系，通常认为公司治理是股东对经理层所实施的一种监督与制衡机制，以股东利益最大化为目标，通过权、责、利的合理配置以平衡股东与经理层之间的利益冲突，使得在企业内部形成一种相互制衡、相互监督的约束机制。广义上的理解则是基于股东与利益相关者之间的相互关系，所考虑的不仅仅是股东对经理层约束，而是将所有利益相关者纳入其中。正如李维安、张俊喜（2003）所认为的那样，公司治理是通过设计出一整套制度或者机制，以协调企业与所有利益相关者之间的利益冲突，进而促进企业决策的科学化，并平衡所有利益相关者的利益关系。

### （二）公司治理理论学派

公司治理可以被视为是一种契约安排，以协调公司管理层与相关利益者的利益目标。从这个角度上看，公司治理就是一种契约关系，而公司也就成为由一系列不完备契约而组成的集合，其功能就是如何分配公司的权力、责任及利益。目前，学术界对公司治理问题的研究，基本上形成了股东至上主义和利益相关者至上主义两大理论阵营。

长期以来，股东至上主义在公司治理理论学派中占主导地位。其基本观念是“资本雇佣劳动”和“股东价值至上”。在股东至上主义理论家看来，公司治理就是通过对经理层进行有效监督，以阻止他们的败德行为和机会主义，从而实现股东价值的最大化。然而，20 世纪 90 年代初，股东至上主义遭到了利益相关者至上主义的挑战。利益相关者至上主义认为，企业发展需要各利益相关者的参与，追求企业利益相关者的整体利益而非局部个体利益。这些利益相关者不仅包括企业股东、债权人、员工、上游供应商、下游消费者，还包括有关政府部门、本地居民、社会媒体等。特别是在资源、环境约束日益加剧的现实背景下，利益相关者还包括环保主义者等。企业生存发展与利益相关者息息相关，企业不仅仅要追求利润回报，其经营活动也必须充分考虑到各利益相关者利益诉求；不仅要接受股东经济利润监督，同时也必然受到各利益相关者的社会责任监督。实际上，企业利益相关者至上主义思想已得到社会广泛认同。比如，美国法律协会在其所制定的《公司治理原则》中，就明确地提出了现代公司与其雇员、客户、供应商之间存在着相互依存关系。在我国，2005 年证监会发布的《上市公司治理准则》，第 81～86 条对上市公司的公司治理过程中的利益相关者问题进行了规定。在日德两国，公司雇员、客户、供应商、金融机构等均已参与到公司治理活动中来。

（三）公司治理典型模式

对于国外公司治理，学术界基本上形成了英美模式和德日模式。不过，也有学者在两种模式的基础上，增加了以韩国等东南亚国家为代表的家族控制型模式和以东欧国家为代表的转轨经济型模式（黄华，2005）。

英美公司治理模式是建立在传统自由市场经济基础之上，以外部监督为主。其基本特点是：（1）资本市场高度发达，股权极其分散，公司经营控制权掌握在经理人手中，呈现出“强管理者、弱所有者”局面。（2）实行单层制董事会制度，不单设监事会，依靠董事会专门委员会和外部董事行使监督权。（3）以事后监督为主，依赖于完善的经理人市场、产品市场和资本市场约束管理者行为。英美模式的优势在于，不仅能够利用董事会的内部监督制衡机制，而且通过外部市场信息传递机制和股权转让机制，对经营者进行有效监督。

以德国、日本两国为代表的公司治理是一种典型的内部监督模式。德日模式的特点是：（1）股权高度集中。日本的法人持股主要是集团内企业，德国法人持股主要是银行和工商业企业。交叉持股可以增强它们之间彼此信任、相互合作，有利于实现企业的长远发展。（2）双重董事会制度。德国公司治理的核心是双层董监事会制，把负责业务执行权的董事会和把负责监督权的监事会分开，较好地实现了权力的分工与制衡。日本公司中不设监事会，但设有独立监察人，以执行监督权。(3) 机构投资者发挥重要作用。德日资本市场相对不发达，企业间接融资占主导地位，主银行持有企业的股权或委托投票权，因而能够直接参与公司经营管理。德日关系控制型公司治理模式的优势是有助于降低交易费用，法人交叉持股和机构投资者使资本供给者和关系企业之间建立长期稳定的商业关系，能够减少市场交易不确定性所带来的风险；双层董事会制、高度集中的股权结构及控制投票权都有利于股东监督经理无须付出很高的成本。

## 第二节　文献综述

### 一、联邦政府公司的有关研究

国外学者或机构对美国政府公司（或联邦政府公司）的研究，主要有两类。

一是学者所进行的学术研究，主要围绕着政府公司的自主经营问题而展开，且研究主要集中在20世纪30年代大萧条之后的二三十年间。麦克迪尔米德（Mciarmid，1937）在《美国政治科学评论》上撰文论述了政府公司与联邦财政资金的关系，指出只有在最大程度上保证政府公司的管理与财务自主权，才能发挥出政府公司最大管理效率，并强调政府公司高级管理人员的选拔应超越政治派别的束缚，唯才是用。对《政府公司控制法》的出台，普里切特（Pritchett，1946）明确地提出了反对意见，将其视为“近十年来政府公司自主权的一大退步”。迪莫克（Dimock，1949）对政府公司自主权进行界定，即“将管理权集中在那些有胜任能力的人的手中，并赋予其足够的自由管理权限以达到期望的结果”，同时强调管理自主权的实现必须保证企业财务上的独立性。在这些学者看来，自主经营是政府公司正常运行的必要条件，政府不应对其干预。他们撰文论述政府公司经营自主权的初衷，也是出于捍卫自由市场经济秩序，反对政府干涉企业日常活动。

二是政府组织所进行的有关研究报告，以介绍政府公司或联邦政府公司的情况为主，主要部门是政府问责办公室（简称为 GAO）和美国国会咨询服务（简称为 CRS）。GAO（1995）在向美国国会参议院提交的一份研究报告中，将政府公司与政府部门统一划归为公部门，而政府支持企业与私人公司归为私部门。报告主要介绍了 GAO 所认定的 22 家政府公司的基本情况，如公司意图、背景材料（成立时间、所在地、法律依据、业务范围、雇员情况等）、组织结构、财务状况、公司报告的法定依据五个方面。CRS（2011）在向国会提交《联邦政府公司：概况》中对联邦政府公司的概念进行了界定①，并对联邦政府公司的发展、特征、监管等情况进行了简要论述。政府组织所开展的有关研究，旨在向国会报告政府公司（或联邦政府公司）的发展情况，以便于为国会举行某些决策提供科学依据。而对于政府公司（或联邦政府公司）的监管活动，则论述较少。

## 二、典型国家国有企业监管的有关研究

对于国有企业监管问题，主要由国内学者进行了一些总结性研究。从国别来看，欧美部分发达国家的国有企业成为主要研究对象，如法国、德国、英国等。当然，也有国有企业经营效率较高的亚洲国家，如新加坡。从研究的思路上看，主要是对典型国家的国有企业监管模式进行总结，提出国有企业分类监管的对策及建议。

### （一）法国国有企业的监管

在西欧诸国，法国的国有经济比重相对较高，国有企业的数量及规模也相对较大。法国国有企业始于 19 世纪，并在两次世界大战期间得到迅速发展。二战后，在社会主义思潮的影响下，法国国有企业得到进一步发展。不过，国有企业扩展的脚步在 20 世纪 80 年代逐渐停止，而此时的法国国有企业，控制了诸如钢铁、航空、邮政、铁路、烟草等行业。此后，法国政府开始进行了国有企业私有化改革，结果导致国有企业的数量及规模显著地下降。

① 联邦政府公司的概念详见本书第一章第二节。

法国政府对国有企业监管的突出特点就是分类监管。这一监管模式也得到了学者们的肯定（宗瑞玉，1992；叶子、倪星，1997；叶祥松，1996；马卫、闵幼凡，1999；张烽，2000；北昆，2002；薛捷，2003；吴英，2005；李志祥、张应语、薄晓东，2007）。分类监管表现在法国政府根据国有企业所具有的市场力量之强弱采取不同力度的监管举措，对于一些具有较强市场势力、处于垄断地位的国有企业（主要集中在能源、交通、邮电通信等基础设施产业），政府对其控制较为严格，表现在投资项目额度、企业举债规模以及价格控制等方面。而对于那些不拥有市场势力的竞争性国有企业，法国政府对它们的干预较小、控制程度也较弱，此类企业具有较强的独立经营自主权。

法国国有企业监管的第二个特征是计划合同制（黄文杰，1987；马建堂、张新竹等，1997；马卫、闵幼凡，1999；史英利，2002）。法国政府重视计划的作用，对国有企业的生产经营进行监管。计划合同制不同于“指令性计划”，只是一种“指导性计划”。其基本思路是，政府与国有企业共同确定企业的中长期发展规划，以确保国有企业的发展方向与国家总体发展目标一致。这样可以达到两个目的：一是国有企业的发展战略纳入整个国家发展战略体系之中；二是国家急需发展或者优先发展的项目能够通过国有企业得到贯彻和执行，进而能够达到国有企业监管和国家宏观经济政策管理的双重目的。

学者对法国国有企业监管的另一研究角度体现在公司治理模式方面（宗瑞玉，1992；叶祥松，1996；叶子、倪星，1997；李志祥、张应语、薄晓东，2007）。法国国有企业公司治理的特征是董事会在法国国有企业公司治理结构体系中居于核心地位，并实行董事会领导下的经理负责制。此外，李志祥、张应语、薄晓东（2007）对法国国有企业公司治理模式进行了动态考察，指出了原有董事会的“三元结构”模式的弊端，并对 21 世纪以来法国政府对国有企业公司治理提出的有关建议进行了总结。

法国政府对国有企业所进行的过程管理。马建堂、张新竹等（1997）在对法国国有企业进行考察后，将法国政府对国有企业的监督与管理概括为事前监督与事后监督，并指出事前监督主要依靠财政经济部向国有企业派驻国家监察员以及通过制订国家计划合同方式实施，事后监督由国家审计院对国有企业经营活动进行年度审计来完成。黄文杰（1987）具体研究了政府对国有企业所进行的事后监管。

学者们还研究了法国政府对国有企业的人事进行控制（黄文杰，1987；叶祥松，1996；马卫、闵幼凡，1999；薛捷，2003；吴英，2005）。法国政府对国有企业的人事控制主要通过以下方式进行：一是直接任免国有企业高级管理人员，包括董事及监事；二是由政府委派代表进入国有企业领导层；三是向国有企业派驻国家监察员。

关于法国国有企业政府监管体系。李志祥、张应语、薄晓东（2007）从内部监督和外部监督两个方面进行考察，内部监督的主要形式是审计监督，由隶属于所在国有企业董事会的审计机构或部门具体实施，外部监督体系范围较广，由议会、国家监察员、行业主管部门以及审计法院组成。对于外部监督体系，北昆（2002）将技术主管部门纳入其中。

（二）德国国有企业的监管

德国国有独资企业数量较少，国有企业较多地以股份公司的形式存在。在德国，一般情况下只要政府参股比重超过一半以上，就可以称之为国有企业。德国国有企业规模较小，而且数量也在不断地减少，传统的铁路、邮政、航空等公共企业也转型为多元化股份公司。

对德国国有企业监管的研究，学者们主要是从两个角度进行：一是研究政府对国有企业的外部监督，主要研究政府有关机构在国有企业监管过程中所担负的职责及作用；二是研究德国国有企业内部公司治理结构。

关于政府对国有企业的外部监管。刁新申、姚钢（1988）研究指出，德国政府对国有企业的监管在法律体制和框架内进行，国有企业具有独立的法律地位。马建堂、张新竹等（1997）在对德国国有企业进行考察后，对财政部、经济审计人和联邦审计署在国有企业监管中的职责进行了总结。王文创、张金城（2006）具体论述了新成立的联邦房地产署对国有企业的监管情况。孟为民（2012）研究了德国国有企业出资人——财政部，并指出财政部在国有企业外部监管体系中居于核心地位。

关于国有企业的公司治理模式。国内学者通过研究后发现，“二元制”公司治理结构是德国国有企业的突出特征（刁新申，姚钢，1988；林晓，1995；叶祥松，1996；吴英，2005；孟为民，2012）。德国国有企业公司治理实行“二元制”，即在国有企业内部监事会与董事会并存。监事会是德国国有企业最高权力机构，承担起董事任命、审查企业董事会提交的财务年报、召集股东大会等。同时，国有企业监事会成员具有广泛的代表性，企业雇员超过2000人时职工代表监事与股东代表监事各占一半，否则职工代表监事所占比例可以降低至1/3，股东代表监事主要来自政府、私有企业、金融系统以及高等院校。德国国有企业董事会成员由监事会任免，独立进行国有企业的日常经营管理，并向监事会定期报告企业有关经营管理事宜。

（三）英国国有企业的监管

二战后至20世纪70年代末期，英国共经历了三次国有化浪潮，国有企业规模达到顶峰。1979年，英国国有企业产值已超过GDP的10%；国有企业职工人数占总人数的5.9%，达175万人；国有企业投资额占全部投资额的比重为15%，达75亿英镑（刘重力、武津辉，1999）。撒切尔夫人领导的保守党上台执政后，掀起了国有企业私有化浪潮。1979～1987年，共有17家大型国有企业完成了私有化，到1991年，约有50家国有企业被出售。

对英国国有企业的研究，私有化改革是重点研究领域。在1979年英国国有企业私有化之前，英国曾经经历过国有化浪潮。余斌（1997）将二战后英国国有化分为两个阶段，发生于1949～1951年以及1975～1979年工党执政时期。许多学者对撒切尔夫人上台后英国国有企业私有化进行了研究，如李宗扬（1989）、陈维政（1996）、唐明义（1997）、刘重力、武津辉（1999）。对于英国国有企业私有化的原因，学者们的分析基本相同。余斌（1997）将英国国有企业私有化的原因概况为：一是撒切尔夫人所倡导的货币主义经济思想；二是英国国有企业经营的低效率以及由此引起的社会不满情绪；三是出于解决政府财政赤字、实施减税计划的现实需要。赵雪梅（1999）将党派之争，即工党与保守党之间的政治斗争也视为推动英国国有企业私有化的原因之一。对于私有化的方式，刘重力、武津辉（1999）总结出三种路径：一是整体出售给私有企业；二是以固定价格将国有企业公司股票出售给本公司雇员；三是在股票市场公开出售国有企业公司股票。对于私有化的效果，陈维政（1996）的评价是肯定的、积极的，而刘重力、武津辉（1999）则持否定意见。

关于英国国有企业外部监管。吴英（2005）对英国国有企业监管的研究中指出，财政部在管理国有企业方面具有相当大的发言权，通过财政预算、财政拨款执行情况等对国有企业进行财务监督。张敏（1996）总结了英国议会、政府对国有企业的监管方式，即议会主要根据国家法律对国有企业实施监管，如确定企业的组织结构、管理模式以及企业宏观经济目标，国有企业的改组、撤销以及国有企业经营范围调整需要经过有关法律通过后才能实施。英国政府对国有企业的监管主要由首相、财政大臣和主管部门大臣组成，他们之间分工明确。首相全面掌管行政大权，财政大臣采取财政预算、援助限额等措施对国有企业实施财政约束，各主管部门大臣监管自己管辖范围内的国有企业。

关于英国国有企业内部公司治理。吴英（2005）将英国国有企业公司治理模式总结为董事会领导下的总经理负责制，国有企业董事会享有较大的经营自主权，是连接政府与国有企业的纽带。邹根宝（1988）研究了英国国有企业董事会的运作机制。

### （四）新加坡国有企业的监管

20 世纪 70 年代，随着政联公司①（government-linked companies）的不断增加，新加坡政府对其监管的难度越来越大。为此，专门负责国有资产监督与管理的国家控股公司应运而生。最为著名的莫过于 1974 年成立的淡马锡控股（Temasek Holdings），已取得令世人瞩目的成绩。目前，其经营范围已经涵盖金融、电信、交通、物流、能源、矿产、基建、房地产等领域，直接控股企业 30 家，间接控股企业 2000 余家（李传军，2011）。

① 政联公司指的是通过国家控股公司所控制的公司，类似于我国的国有控股公司。

关于监管的总体框架。李济阳、陈世平（2000）将新加坡政府对国有企业的管理概括为三点：一是管人，即国有企业主要负责人由政府直接任免；二是管企业的经营范围；三是要求国有企业必须盈利。黄绍松（2003）从宏观上概括了新加坡政府对国有企业的分类管理模式，即对于公共性较强、垄断程度较高的部门由法定机构直接管理，而对于竞争性程度较高的产业领域，由国有控股公司实施管理、控制。

关于外部监管。杜晓君（2006）指出，淡马锡控股下的许多政联公司已经上市，能够充分利用资本市场、经理人市场以及产品市场的竞争，能够有效地激励经理人努力工作、提高公司业绩；同时，舆论监督也对公司经理人员的败德行为形成有效制约。

关于公司治理。邱红（1999）研究了新加坡控股公司对政联公司的控制手段，即通过股权、人事以及分配权的控制来实施。国家经贸委企业监督司（2000）总结了淡马锡控股内部监督的三点做法：一是建立了精干高效的管理机构；二是政府通过向企业派驻董事，在企业内部形成了相互制衡的监督机制；三是管理制度规范，如规范的人事任免制度、股票认购权制度、经营业务范围控制制度、绩效评价制度、定期财务及业绩报告制度等。郭刚（2004）着重研究了新加坡国有企业董事会结构特征，表现在董事会成员中独立董事的比例一般达到或超过半数，同时将董事会的权力合理地分配给下设的专门委员会，特别强调了审计委员会和薪酬委员会的主席由独立董事担任。杜晓君（2006）总结了新加坡国有企业内部公司治理的两个特征，即对经理人员实施的期权激励计划，以及独立董事会所发挥的监督、制约及制衡作用。

此外，佟福全（1997）总结了政府对政联公司信息披露监管方式，即法律规定每年须向国家提交一份“公司意图声明”，对下一年度及其未来两年的经营计划、经营业绩进行预测；并且还要在年中向有关主管部门提交半年度经营报告，在年终提交年度报告以接受议会审核。

对于新加坡国有企业的成功经验。张秀君（1995）将其归结为四方面原因：一是与新加坡政府的财政货币政策有关，政联公司能够非常便利地获得银行贷款；二是政联公司自负盈亏，政府一般不给予财政补贴；三是政府与政联公司关系界定明确，政府不干预其日常经营活动，仅进行一般原则性指导；四是重视培养、吸引优秀人才进入政联公司。佟福全（1997）在认同张秀君所归纳的第一、第三和第四方面原因的基础上，强调了竞争性因素的作用，认为国内外市场的激烈竞争是维持政联公司高效与活力的关键所在。

### （五）中国国有企业的分类监管

学者们通过对国外国有企业监管的经验进行总结后，提出了要对我国国有企业进行分类监管的建议，如马建堂、张新竹等（1997）、叶子、倪星（1997）、邱国栋、于萍（2003）。马建堂、张新竹等（1997）提出，应对不同行业进行区分，对国有经济进行战略性调整和改造；对那些关系国家安全和经济命脉的行业领域，国家要继续垄断经营；对于一般竞争性行业，国家应采取国有资本控股或参股方式，鼓励民营资本进入；而对于数量众多的小型国有企业，可以采取民营化方式，应进一步放开搞活。叶子、倪星（1997）提出，根据国有企业性质、地位、政策效应及社会效益的差异，将国有企业分为公共事业类国有企业、基础产业类国有企业、竞争性国有企业以及亏损严重型国有企业，实行分类管理。邱国栋、于萍（2003）在对西方六国国有企业管理模式比较后，提出将我国国有企业按照是否以营利性为目的分为两类，并实行分类管理。

与国有企业分类监管相关的一个研究主题，围绕着国有企业分类改革而展开。许多学者，如姜树蔚（1996）、杨瑞龙（1999）、蓝定香（2006）、黄群慧（2007）、邵宁（2011）、常修泽（2011）、上海国有资本运营研究院《国有企业分类监管研究》课题组（2013）、黄群慧、余菁（2013）、高明华、杨丹、杜雯翠等（2014）、周佰成、邵振文、焦娇（2015）、杨卫东（2016）、徐丹丹、曾章备、董莹（2017）、张晖明、张陶（2019）、黄茂兴、唐杰（2019）等，都对国有企业的分类改革提出了各自的见解。姜树蔚（1996）从国有企业所担负的职责出发，将国有企业分为基础设施类和商业活动类，对于前者只能实行国营制，而后者既可以实行国营制也可以推行民营制。杨瑞龙（1999）指出，公共物品的供应应由国有企业来完成；对于处于规模报酬递增的产业领域应该采取国有控股公司模式；竞争性大中型国有企业应进行公司制改造；对于小型国有企业应该放开搞活。蓝定香（2006）从产权研究的视角出发，指出要对国有企业进行产权结构调整，使之集中在关系国家安全及国民经济命脉的公共领域，并在非公共领域中逐步降低国有企业比重。黄群慧（2007）从国有企业所承担的不同使命出发进行分析，指出对于执行政府职能以及国家产业政策为使命的国有企业，宜采取国有独资形式，对于承担国有资产保值、增值使命的国有企业宜采取国有控股形式。邵宁（2011）将国有企业分为功能性国有企业和竞争性国有企业，对于前者主张进行市场化的内部改革、完善出资人管理以及加强社会监督，对于后者主要以退出为主，但关键问题是退给谁。常修泽（2011）针对我国垄断产业实际情况，将其分为三种类别并采取不同的改革措施，即对于垄断产业中具有可竞争性的部分应放开准入、强化直接竞争，对于网络性产业中的自然垄断部分可以继续由垄断企业或寡头垄断企业经营，但要增强对在位企业的间接竞争刺激，对于介于二者之间的行业宜采取不对称管制方案。上海国有资本运营研究院《国有企业分类监管研究》课题组（2013）在梳理国外国有企业分类的基础上，将我国国有企业划分为公益型、市场型及混合型。黄群慧、余菁（2013）提出了我国中央企业分类改革的初步设想，即将中央企业分为公共政策性企业、特定功能性企业和一般商业性企业三类，并提出了公共政策性企业可以采取国有独资模式，改革的方向是“一企一法”“一企一制”，特定功能性企业宜采取国有控股的多元化模式，需要有专门的行业性法规对其进行约束，一般商业性企业的改革方向是促进国有股权的资本化和社会化，企业完全按照《公司法》的制度规范来运行。高明华、杨丹、杜雯翠等（2014）基于七家国有企业实地调研的基础上，针对其目标及功能，将国有企业划分为公益性、垄断性与竞争性三类，并对不同类型的国有企业提出了不同的改革措施。周佰成、邵振文、焦娇（2015）基于决策树方法提出了国有企业分层分类管理体系，利用国有企业的社会目标、社会功能、关键领域、重要行业、资源垄断程度和国家持股比例六个决策层系统地将国有企业详细归类，转变了国企改革“一刀切”的管理模式。杨卫东（2016）指出，商业类要确立以利润最大化为目标的经营理念，不再把社会效益放在同等地位，建立真正的现代企业制度。徐丹丹、曾章备、董莹（2017）以高端装备制造业国有企业为研究对象，运用 DEA 方法对 38 家高端装备制造业样本企业在 2013～2015 年的经济效率和社会效率评价基础上，提出并衡量“公益—商业”比值和政治关联要素，实现了对 38 家样本企业的类型划分，为国有企业分类改革的操作性障碍提供了破解路径。张晖明、张陶（2019）在对“分类”进行理论分析的基础上，联系改革实践的推进内容，提出还要与“分层”的工作内容相结合，以促使改革举措更具针对性。黄茂兴、唐杰（2019）提出国有企业分类改革要避免“一刀切”，要根据不同行业和领域的特点进行分类改革，以避免陷入“国进民退”和“国退民进”的争论旋涡。

尽管学者们在国有企业分类改革的具体做法上所持意见并未完全一致，但基本上都认同在一些关系国家安全和国民经济命脉的关键行业，应继续坚持国有独资经营；而对于竞争性行业领域，国有企业应逐步退出；介于二者之间的一些国有企业，宜通过公司制改造，形成以国有企业控股的多元化投资主体模式。通过对国有企业进行分类改革和监管，不断优化国有经济布局，从而不断增强国有经济活力、控制力和影响力。

# 第三章

# 美国联邦政府公司的产生与发展

本书以联邦政府公司为例，重点研究美国国有企业监管问题。作为本书研究的基础，应对美国国有企业的基本情况进行分析。为此，本章第一节分析了美国国有企业产生的理论缘由、现实背景与建立方式；第二节从规模和产业布局两方面研究联邦政府公司的发展状况。

## 第一节　联邦政府公司产生背景

### 一、理论缘由

世界上绝大多数国家都有国有企业，但各国建立国有企业的初衷却不尽相同。我国国有企业的建立是以马克思主义理论为指导。马克思主义认为，人类社会进入资本主义社会阶段，社会生产力大大提高，但生产资料的资本主义私人所有制与社会化大生产之间的矛盾越来越突出，导致了无产阶级与资产阶级的对立，以及资本主义制度本身无法克服的无政府主义。这种矛盾对立的结果，必将导致人类社会由资产主义社会向社会主义社会过渡。而在这一过程中，国有经济的建立和发展是一个重要的历史现象。在马克思、恩格斯看来，国家直接占有生产资料，是向共产主义社会过渡的一个环节，至少在社会发展的某一阶段，国有企业是社会主义公有制的一种重要的甚至是基本的实现形式。不过，国有企业并不是实现公有制的终极形式，因为国家最终是要消亡的。国家占有企业只是一种过渡性的历史现象。之所以要建立国有企业，其目的是为了形成计划经济的基础，克服资本主义经济的无政府主义状态。而要克服资本主义经济的无政府主义状态就必须实行计划经济，计划经济的历史必然性是国有企业的逻辑基础，而国有企业则是计划经济的现实经济基础，即为了实行计划经济就得将全社会的所有企业（至少是大多数企业）都改造为国有企业；只有全社会的企业都通过国有制的形式消灭了私有制对计划经济的障碍，计划经济才能得以实现（金碚等，2013）。

然而，资本主义社会中的国有企业，同马克思主义经典著作家们所设想的社会主义社会的国有企业在本质上是不同的。在资本主义社会中，国有企业并不是计划经济的逻辑产物，而是为实现某些社会政策目标而建立的一种特殊的企业组织形式，也可以说是国家直接干预经济的一种方式，是弥补市场缺陷的一种手段。而在马克思主义经典著作家所设想的社会主义社会中，国有企业却是一种普遍实行的一般企业制度，因为在马克思主义经典著作家那里，计划经济的历史必然性是国有企业的逻辑基础，国有企业是计划经济的逻辑产物，即计划经济的所有制基础，既然如此，只有所有的企业，至少是大多数企业都成为国有企业，计划经济才有可靠的现实经济基础和可操作的运行工具。所以，同样都建立了国有企业，传统社会主义计划经济中的国有企业与资本主义市场经济中的国有企业在“制度逻辑”上是非常不同的，因此，它们各自的社会经济地位、主要社会经济功能也很不相同（金碚等，2013）。

具体到美国，美国政府干预经济活动、建立国有企业的政策主张一定程度上受到了凯恩斯主义经济学思想的影响。20 世纪 30 年代大萧条之前，崇尚自由竞争、反对政府干预的市场经济理论在美国社会长期占主导地位，即便是在某些自然垄断程度较高的行业（如铁路运输），政府仅在十分有限的范围内实施了管制政策，也遭到了美国社会各界的强烈反对。在当时的美国，通过政府投资建立国有企业，被视为对自由竞争市场秩序的破坏，与美国主流经济理论格格不入。因此，自美利坚合众国诞生之日起到大萧条长达一个半世纪的时期中，美国社会基本上不存在着国有企业，只不过是在第一次世界大战期间，为保证军事战略物质的供应，美国政府迫于形势需要，才建立了一定数量、规模的国有企业。

20 世纪 30 年代，西方资本主义世界爆发了规模空前的经济危机，美国也未能幸免。英国经济学家凯恩斯在其名著《就业、利息与货币通论》一书中所提出的国家直接干预经济的理论思想，成为资本主义世界应对大萧条的"救星"。在国家干预主义的指引下，时任美国总统罗斯福建立了一些重要的国有企业，如 CCC、EXIM、FCIC、FDIC、TVA 等。不过，凯恩斯所提出的国家干预主义，并未直接指出需要通过建立国有企业来实现，而是通过实施积极的财政政策、增加总需求的途径来应对经济危机。在凯恩斯看来，市场经济体制仍然是一种有效的经济运行方式。

凯恩斯的追随者汉森，在其《财政政策和经济周期》一书中提出并阐释了混合经济的概念。与凯恩斯不同之处在于，汉森明确提出了通过设立国有企业的途径提供公共基础设施、发展社会公共事业。汉森的混合经济理论思想在其弟子萨缪尔森那里得到进一步发展，在其不朽著作《经济学》中，萨尔缪尔森充分肯定了发展混合经济对于维持一国充分就业、促进经济增长、稳定物价的积极作用。

二战后一个较长的时期内，凯恩斯主义在美国得到迅速发展，因无法有效处理20 世纪70 年代出现的经济"滞涨"问题，自由主义经济学再度崛起。然而，在经济"滞涨"问题上，自由主义经济学同样无能为力。而在此时，新凯恩斯主义经济学已登上历史舞台。作为新凯恩斯主义经济学的代表人物之一，斯蒂格利茨同样重视混合经济的作用，在充分肯定市场经济机制作用的基础上，他在其《经济学》《社会主义向何处去——经济体制转型的理论与证据》等理论著作中均阐述了国有企业存在的必要性，并对法国、新加坡等国的国有企业的高效率给予了积极的评价。因此，就经济理论本身而言，国有企业在美国存在的理论基础，在某种意义上受到了凯恩斯主义经济学思想（包括新凯恩斯主义）的支持和认同。不过，这种认同是有条件的，即市场经济体制仍然是一种必须长期坚持的经济运行方式。

因此，从表面上看，美国建立国有企业的初衷在于弥补市场经济失灵、实现特定政府公共政策目标，但其根本目的在于巩固资本主义制度、维护资本主义私有制。

## 二、现实背景

美国是世界市场经济最为发达的国家之一，私有企业是美国最为主要的企业组织形式。美国社会对国有企业怀有较强的敌意，既反对把社会主义作为一种政治哲学，也不拥护把公有制作为控制经济制高点或达成既定政治目标的工具（米森勒、雷维森卡，2012）。即便如此，在特定历史条件下，为解决具体问题，美国联邦政府依旧成立了一批联邦政府公司。具体而言，美国国有企业的发展主要与战争和经济萧条紧密相关。两次世界大战、20 世纪 30 年代大萧条以及 20 世纪 70 年代，是美国联邦政府公司发展的重要时期。第一次和第二次世界大战期间，是美国联邦政府公司迅速发展的年代。此时的联邦政府公司具有显著的战时经济特征，多数联邦政府公司的建立出于满足军事战争的需要。第一次世界大战期间，美国政府建立了一批联邦政府公司，如谷物公司、紧急船运公司、斯普鲁斯生产公司、住宅公司、战争金融公司、蔗糖分配公司，国家还垄断经营了邮电、铁路、船运等部门（王金存，1995）。同样，第二次世界大战期间，联邦政府又一次大规模建立了一批联邦政府公司，如保卫住宅企业、保卫农场公司、金属储备公司、战争损害赔偿金公司、小型战时农场公司、橡胶储备公司、美国商务公司（米森勒、雷维森卡，2012）。随着战争的结束，这些联邦政府公司在完成其使命和任务后，基本上都私有化了。20 世纪 30 年代世界性经济危机期间，是美国联邦政府公司发展的又一重要阶段。时任美国总统罗斯福实施扩大支出的积极财政政策，对国民经济进行全面干预和调节。作为经济复苏的主要政策之一，组建国有企业，在复苏美国经济过程中的效果尤其引人注目。在这期间，联邦政府在铁路、公路、港口、电信、水利工程等领域出资建立了一批国有企业（李俊江、史本叶、侯蕾，2010）。

## 三、建立方式

在美国，一般私有企业是依据各州《公司法》的要求注册、成立并运行的。但联邦政府公司却不如此，其设立及运行依据联邦政府公司特殊法。联邦政府公司特殊法是一个统称，由各个联邦政府公司法组成，每一部联邦政府公司法适用的范围仅限于该联邦政府公司。联邦政府公司的设立严格按照美国的政治法律体制进行，基本上是国会首先单独立法，在立法通过后才能建立。AMTRAK、FDIC、TVA、USPS 等联邦政府公司，都是依据各自的联邦政府公司法而设立的。当然，也有部分联邦政府公司，如 CCC、EXIM 等，先由总统签署行政命令建立，然后通过国会立法，最终以联邦法律的形式确定下来（见表 3－1）。

**表 3－1　　联邦政府公司成立的法律依据**

| 成立时间 | 公司名称 | 依据法律 | 备注 |
|---|---|---|---|
| 1971 年 | AMTRAK | 1970 年铁路客运服务法 | |
| 1933 年 | CCC | 1948 年商品信贷公司特许权法 | 依据第 6340 号行政命令 |
| 1976 年 | Conrail | 1973 年区域铁路重组法、1976 年铁路复兴与管制改革法 | 1986 年 Conrail 私有化法生效，并于 1987 年完成私有化 |
| 1934 年 | EXIM | 1945 年进出口银行法 | 依据第 6581 号行政命令 |
| 1938 年 | FCIC | 1938 年联邦农作物保险法 | |
| 1933 年 | FDIC | 1933 年银行法 | |
| 1973 年 | FFB | 1973 年联邦融资银行法 | |
| 1971 年 | OPIC | 1969 年对外援助法修正案 | |
| 1974 年 | PBGC | 1974 年雇员退休收入保障法 | |
| 1933 年 | TVA | 1933 年田纳西河流域管理局法 | |
| 1934 年 | UNICOR | 7 U. S. C. 1501 | 依据第 6917 号行政命令 |
| 1971 年 | USPS | 1970 年邮政重组法 | |

资料来源：作者自行整理。

美国联邦政府公司成立方式的一个显著特征是，所有的联邦政府公司都是通过国会立法批准授权经营。在建立某一联邦政府公司之前，美国国会通过建立特殊法，依据特殊法而非统一的公司法单独设立联邦政府公司。联邦政府公司使命、组织管理、业务范围等事项均在特殊法中明确具体规定。

## 第二节 联邦政府公司发展现状

### 一、联邦政府公司规模状况

#### （一）有关国有企业规模的研究

国有企业的存在是一种普遍现象，不仅存在于社会主义国家，也存在于资本主义国家。西方国家建立国有企业历史较为久远，在工场手工业时期就有一些老牌资本主义国家建立国有企业。15 世纪下半叶，西欧许多国家把采矿业、冶金业、金属加工业掌握在自己手中，比如意大利政府办了瓷器厂等，甚至连罗马的教堂也有官办的制造厂（宗寒，1999）。随着资本主义的发展，当生产社会化与生产资料私人占有的矛盾日益尖锐，自由市场经济的盲目性体现出来后，发展国有经济以及资本主义国家进行干预就成为必然的现象，国有企业因此得以建立。特别是 20 世纪后半期以来，西方国家无一例外地发展国有经济，建立国有企业，并使之成为国民经济的重要组成部分。国有经济对资本主义经济的发展、资本主义制度的维护和巩固起到了不可或缺的重要作用（徐传谌、张万成，2002）。

在资本主义社会中，国有企业是为实现某些社会政策目标而建立的一种特殊的企业组织形式，也可以说是国家直接干预经济的一种方式，是弥补市场缺陷的一种手段（金碚等，2013）。以生产资料私有制为基础的资本主义社会经济制度，决定了国民经济主体地位是私有经济，而非国有经济和国有企业。因此，资本主义国家国有经济、国有企业总体规模相对较小。据国际货币基金组织的调查资料，20 世纪 70 年代中期，包括美国在内的 70 多个国家中，国家投资在全社会固定资本投资中所占的比重平均为 16.5%，不包括美国在内的近 50 个国家中，国有经济产值占国内生产总值的比重平均约为 9.5%；20 世纪 80 年代，多数西欧国家国有工业产值占工业总产值的比重仍达 20% 以上，1984～1993 年，美国、日本、德国、英国、法国和意大利的政府投资在国内固定资本总投资中所占的比重，平均分别为 15.6%、23.8%、11.6%、17.2%、16.2%和 16.7%（宗寒，1999）。私有经济、私有企业在西方资本主义国民经济中仍占主导支配地位，国有经济、国有企业只是作为弥补市场失灵、实现政府特定公共政策目标的一种手段或方式而存在，因此国有经济、国有企业总量规模较小。

（二）美国联邦政府公司规模

为解决 20 世纪二三十年代世界经济危机，罗斯福总统实施"新政"，建立一批国有企业，并在二战结束后又建立一批国有企业，使得这一时期美国国有企业规模达到历史最高。然而，作为市场经济高度发达的美国，美国倡导自由竞争思想并坚持市场至上的原则，认为凡是市场能解决的问题政府就不应加以干预，应该完全让位于市场。20 世纪 70 年代开始，美国经济陷入滞涨，同时，美国国有企业经营业绩不佳、生产效率低下、产品服务质量低劣、持续亏损债务增加、过度垂直一体化以及经营违法腐败问题，再加上美国社会对国有经济、国有企业天然仇视，美国政府通过出售国有资产、立约承包、特许经营、放松管制等方式对国民经济进行私有化改革，通过大幅度削减美国国有经济规模减轻国家财政压力，减少政府财政赤字、缓解通货膨胀危机（李俊江、史本叶，2006）。

美国政府通过对国有企业进行私有化改造，降低了美国国有经济和国有企业规模。即便如此，美国国有企业也没有完全失去其存在的理由。虽然美国国有企业占国民经济比重较小，但其地位和作用较大，掌握国家的经济命脉，在国民经济的关键部门占有重要的份额，其中，邮政、公路全部国有，电力、铁路运输的 25% 为国有（金碚等，2013）。据胡家勇（2004）估计，1980 年，美国国有经济规模在其 GDP 中的比重仅为 1.2%，也有学者计算出这一比值在 1985 年为 1.4%（黄书猛，2003）。米切尔（Mitchell，1999）指出，美国国有企业数量在6000～10000家之间，且类型规模各异，大部分政府公司为州和地方政府所有，其余少数归联邦政府所有。具体到美国联邦政府公司层面，美国国会服务（CRS，2011）认为，美国联邦政府公司数量为17家。近十年来，国会既没有设立新的联邦政府公司，也未对原有的联邦政府公司进行重组、撤销或者私有化，其数量规模一直比较稳定。尽管学者们对美国国有经济规模的估计存在一定的出入，但研究结果均表明，美国国有经济规模总量较小。以规模最大的8家联邦政府公司为例，其资产规模总计折算为人民币约为2万亿元，经营收入约6000亿元，亏损294亿元（见表3－2）。

**表3－2　2012财政年度美国联邦政府公司规模状况**　单位：百万美元

| 企业名称 | 资产总计 | 经营收入 | 利润总额 |
|---|---|---|---|
| AMTRAK | 47334 | 2877 | －1386 |
| EX-IM | 13669 | — | －763 |
| FDIC | 65186 | 18522 | 21121 |
| FFB | 69539 | 2485 | 303 |
| OPIC | 8535 | 412 | 273 |
| PBGC | 84780 | — | －8343 |
| TVA | 47334 | 11220 | 60 |
| USPS | 22611 | 65223 | －15906 |
| 合计 | 358988 | 100739 | －4641 |
| 折算为人民币（亿元） | 22763 | 6388 | －294 |

注：人民币与美元汇率按照中国人民银行2012年9月28日公布的外汇市场人民币汇率中间价1美元对人民币6.341元计算。

资料来源：根据美国各联邦政府公司2012财政年度报告计算而得。

## 二、联邦政府公司产业分布

### （一）有关国有企业产业分布的研究

关于国有企业产业分布问题，学者们的研究角度主要有三个，即经济学理论、社会意识以及经济发展阶段论。

一是根据经济学理论，从克服市场失灵、弥补市场机制缺陷的视角，来研究国有企业产业布局。古典经济学在一系列完美的假设下，倡导自由市场竞争能够引导资源实现有效配置，达到帕累托最优状态。然而，现实中的市场是不完美、有摩擦的，垄断、公共物品、外部性等市场失灵现象客观存在。在这种情况下，依靠市场机制不能达到古典经济理论所渴望实现的资源最优配置状态，为避免因市场失灵所导致的资源配置低效，通过建立国有企业直接介入经济活动成为世界各国政府通行的办法之一。当然，为弥补市场缺陷进而建立国有企业的政策主张在理论上也得到了部分经济学家的支持，如哈利和尼尔森（Harry & Nielsen，2001）主张国有企业应限制在公共物品的供给上，而波斯（Bos，1986）更为明确地指出国有企业应布局在基础设施行业（如通信邮政、电力、天然气等）以及战略性制造业领域。

二是社会意识形态。社会意识形态也被视为影响一个国家或地区国有企业产业分布的一个重要因素。陆军荣（2008）指出，国有企业产业介入的范围和程度与各国社会主义意识形态所处的地位有着直接的正向联系，并根据社会主义意识形态在各个国家强弱程度的不同，划分为5个层次以对国有企业产业介入程度进行考察（见表3－3）。

**表3－3　社会主义意识形态强弱程度与国有企业产业介入范围、程度之间的关系**

| 强弱程度 | 类别层次 | 代表国家 | 介入范围 | 介入程度 |
|---|---|---|---|---|
| 强<br>↓<br>弱 | 第一层次：社会主义计划经济国家 | 苏联及东欧国家等 | 所有产业领域 | 接近100%国有化 |
| | 第二层次：受社会主义国家政治影响的发展中国家 | 坦桑尼亚、赞比亚、埃塞俄比亚和苏丹等 | 大部分产业领域 | 50%以上 |
| | 第三层次：实行混合所有制经济的发展中国家 | 印度 | 大部分产业领域 | 根据产业情况不同，介入程度不同 |
| | 第四层次：社会民主主义左翼政党占主导的资本主义国家 | 英国、法国等欧洲国家 | 主要以公用事业为主，少数国家如法国介入重要制造行业领域 | 根据产业情况不同，介入程度不同 |
| | 第五层次：不存在社会主义思潮或不占主流的国家 | 美国 | 极少数产业 | 5%以下 |

资料来源：陆军荣．国有企业产业特质：国际经验及治理启示［M］．北京：经济科学出版社，2008：43.

三是从经济发展阶段论的角度研究国有企业产业分布。金碚（2001）指出，发展中国家在进入工业化初期，国有企业在许多产业发挥着重要作用；在工业化中后期，之前由国有企业占主导地位的产业，出现国有企业与民营企业并存局面；随着工业化的进一步深化，国有企业的产业布局范围逐渐收缩，仅存在于某些少数特殊关键行业。当一国进入重化工业发展阶段时，国有企业往往集中于那些增长较快的支柱产业领域；当产业结构走向高技术化阶段，为克服私人资本投资不足，政府又在高技术领域通过兴办国有企业进行必要的介入。

（二）部分发达国家国有企业产业分布

在经济发展的不同阶段，国有企业所发挥的作用是有所变化的，在各国加速推进工业化进程的阶段，国有经济占国民经济的总体比重相对较高，国有企业承担着特别重要的职能，随着工业化的完成，国有经济的比重开始呈现下降趋势（金碚等，2013）。20 世纪 70 ~90 年代，西方国家国有经济占国民经济的比重大致在 10% ~20% 之间，个别国家的少数年份也有超过 30% 的。在工业化前期和实现工业化之后，国有经济的规模都比较小，80 年代以后，西方国家国有经济的比重保持在国民经济的 10% 左右（赵守日，2000）。即便如此，在西方国家国民经济中，总有一些领域存在着国有经济和国有企业（见表 3 -4）。

**表 3 -4　　发达国家国有经济的产业分布（1978 ~1987 年）　　单位:%**

| 国家 | 邮政 | 电讯电话 | 电力 | 煤气 | 石油生产 | 煤炭 | 铁道 | 航空 | 汽车 | 钢铁 | 造船 |
|---|---|---|---|---|---|---|---|---|---|---|---|
| 英国 | 100 | 100→50 | 100 | 100→0 | 25→0 | 100 | 100 | 75→0 | 50→25 | 75 | 100→75 |
| 法国 | 100 | 100 | 100 | 100 | — | 100 | 100 | 75 | 50 | 75 | 0 |
| 意大利 | 100 | 100 | 75 | 100 | — | — | 100 | 100 | 25 | 75 | 75 |
| 联邦德国 | 100 | 100 | 75 | 50 | 25 | 50 | 100 | 100 | 25 | 0 | 25 |
| 比利时 | 100 | 100 | 25 | 25 | — | 0 | 100 | 100 | 0 | 50 | 0 |
| 荷兰 | 100 | 75 | 75 | 75 | — | — | 100 | 75→50 | 50 | 25 | 0 |
| 澳地利 | 100 | 100 | 100 | 100 | 100 | 100 | 100 | 100 | 100 | 100 | — |
| 瑞士 | 100 | 100 | 100 | 100 | — | — | 100 | 25 | 0 | 0 | — |
| 瑞典 | 100 | 50 | 100 | 100 | — | — | 100 | 50 | — | 75 | 75 |

续表

| 国家 | 邮政 | 电讯电话 | 电力 | 煤气 | 石油生产 | 煤炭 | 铁道 | 航空 | 汽车 | 钢铁 | 造船 |
|---|---|---|---|---|---|---|---|---|---|---|---|
| 西班牙 | 100 | 0 | 0 | 75 | — | 50 | 100 | 100 | 0 | 50 | 75 |
| 美国 | 100 | 25 | 25 | 0 | 0 | 0 | 25 | 0 | 0 | 0 | 0 |
| 加拿大 | 100 | 100 | 100 | 0 | 0 | 0 | 75 | 75→50 | 0 | 0 | 0 |
| 澳大利亚 | 100 | 100 | 100 | 100 | 0 | 0 | 100 | 75 | 0 | 0 | 0 |
| 日本 | 100 | 100 | 0 | 0 | — | 0 | 75 | 25→0 | 0 | 0 | 0 |

注：→表示私有化，表中100→50表示私有化之后国有经济比重由100%降至50%，其余类同。

资料来源：[日] 远山嘉博．现代公企业总论，东京：东洋经济出版社，1987；伍柏麟，席春迎．西方国有经济研究，北京：高等教育出版社，1997：119.

（三）联邦政府公司产业分布

美国联邦政府公司数量不多，但产业分布界限明确、范围狭窄，这是由美国经济制度所决定的。美国经济制度以私有制为基础，以私有企业为主体，同时辅以必要的宏观调控。不过，政府干预仅限于经济增长、充分就业、物价稳定以及国际收支平衡等宏观经济目标的实现，干预的重心在于调节总需求而不是控制总供给，并不直接介入企业微观生产活动。国会设立联邦政府公司的目的并非是与私有企业在市场上进行竞争，更不是要取代美国的资本主义私有制。相反，联邦政府出资设立联邦政府公司，其目的在于弥补市场失灵，促进资本主义私有制能够更加有效地运转。在此基础上，国会在设立联邦政府公司之初，就通过单独立法的方式，将每一家联邦政府公司的生产经营范围限定在一个具体的生产服务领域，并竭力避开与私有企业进行竞争。可以这样讲，在美国，凡是能够由私有企业提供的产品或服务，均由私有企业生产；只有私有企业不愿意或者是不能够提供产品或服务的领域，才允许包括联邦政府公司在内的美国国有企业进入。

目前，联邦政府公司主要集中在服务业领域，尤其是金融保险业，在制造业也有少量企业。联邦政府公司分布最为集中的领域为金融保险服务业，在此集聚了诸如CCC、FCIC、FDIC、OPIC、PBGC等知名公司。由于保险业存在着严重的信息不对称，市场自动配置资源机制失灵，需要政府进行干预，建立联邦政府公司作为政府干预的一种手段便由此产生。此外，在公共服务领域，国会立法设立 AMTRAK 和 USPS，其目的是保证城际铁路客运服务和普通邮件服务的普遍服务供应。此外，尽管在公用事业、制造业领域也存在着联邦政府公司，如 TVA 和 UNICOR，但都是以执行特定社会公共政策为目的，并且对其经营业务范围有着具体的限制。著名的 TVA，并非单一的发电、供电企业，而是集合了对田纳西河流域的综合治理、防洪灌溉、区域扶贫等多项社会政策功能，即便是其电力生产和供应，也限制在田纳西河流域区域内，与该区域之外的私人电力公司之间不存在直接竞争。尽管 UNICOR 的经营业务涉及服装与纺织行业、电子行业、办公器具等制造业，但其产量十分有限，基本上不会对私有企业产生任何直接的威胁。并且 UNICOR 的社会责任更加突出，其设立的使命在于，通过对囚犯进行职业培训使其重返社会，维护社会安全、减少刑事犯罪。

另外，在一些行业还存在一定数量规模的地方国有企业。比如，美国州政府管理的企业涉及以下行业：本州范围的保险（包括失业保险），本州范围的电力供应，州内港口、公路（包括部分高速公路、桥梁、隧道的建设和收费），烈性酒类，医疗保险（包括负责精神病人、老年人的医疗和护理机构），彩票的发行，公共交通（包括地铁和公共汽车）；再如，市镇政府管理的企业包括以下行业：市镇内的公共汽车和地铁，自来水的供给和污水处理，垃圾的收集和销毁，部分电力供应，市镇内的港口、飞机场、小学和图书馆等文化教育事业，公园和体育场等公用设施，医院诊所等（曹玉书，1995）。

总之，联邦政府公司的产业分布范围极其有限，主要集中在金融保险业等服务业，在制造业也有少量的联邦政府公司。同时，每一家联邦政府公司的主营业务单一，不存在多元化经营现象（见表 3 - 5）。

**表 3 - 5　　美国部分联邦政府公司主营业务产业分布情况**

| 公司 | 主营业务 | 所属行业 |
|---|---|---|
| AMTRAK | 主要依靠租借私人铁路公司的轨道、车站等基础设施提供城际铁路客运服务；拥有一定规模的铁路路网① | 铁路运输 |
| CCC | 向农民和农场主提供财务援助②，生态保护计划支持③，出口信贷④ | 金融保险 |

续表

| 公司 | 主营业务 | 所属行业 |
| --- | --- | --- |
| EXIM | 为美国出口企业提供流动资金担保、出口信贷保险、贷款担保以及直接贷款；EXIM 是否对出口业务进行资助，与企业规模、业务量大小无关，但其业务量的 85% 直接惠及美国小企业 | 金融保险 |
| FCIC | 对私有企业提供的农作物保险提供再保险服务 | 金融保险 |
| FDIC | 仅对储蓄存款进行保险，而股票、债券、共同基金、人寿保险、年金以及银行和储蓄机构提供的类似投资项目提供保险不在保险范围之列 | 金融保险 |
| OPIC | 为美国企业在海外投资提供保险（货币不可兑换风险、没收风险以及战争暴力险）、贷款担保以及为中小企业提供直接担保 | 金融保险 |
| PBGC | 为福利确定型企业年金计划提供担保服务，包括单雇主福利确定性计划和多雇主福利确定性计划 | 金融保险 |
| TVA | 区域电力生产及供应，灌溉、洪水控制、农业和工业发展以及田纳西河流域综合治理与全面开发 | 公用事业 |
| UNICOR | 生产服装与纺织品、电子产品、车辆部件、工业产品、办公家具，以及提供车队管理、回收活动、数据录入与编码服务等 | 制造业及相关服务业 |
| USPS | 邮政服务（一级邮件⑤、标准邮件⑥、优先邮件、期刊以及包裹） | 邮政服务 |

注：①AMTRAK 自有铁路网里程较短，根据 AMTRAK2012 财政年度报告，拥有铁路网约 1221 公里，主要集中在东北走廊（约 584 公里）和宾夕法尼亚州费城至哈里斯堡之间（约 167 公里）。

②包括收入支持计划、灾害救济计划、未保险农作物灾难救济计划（noninsured crop disaster assistance program）。

③主要是向农民、农场主提供财务援助、经济刺激、技术协助、成本共担等一系列激励性政策措施，以促进他们在其各自经营的私人土地上积极保护自然资源。

④对美国农产品出口提供付款担保和直接贷款业务进行财务援助。

⑤一级邮件由 USPS 垄断经营，指的是任何重量低于 13 盎司的信件、明信片、广告或商品，包括国内邮件和国际邮件。

⑥任何不要求使用一级邮件邮递但重量低于 16 盎司的广告、商品等。

资料来源：作者自行整理。

# 第四章
# 联邦政府公司外部监管

外部监管是国有企业监管体系中的重要环节。联邦政府公司外部监管是指相关监管机构、部门和组织依据有关法律、法规，采取某种方式或途径，对联邦政府公司所实施的监督与管理活动。联邦政府公司外部监管主要涉及三个问题，即实施外部监管主体、外部监管主要内容以及所采取的监管方式。联邦政府公司外部监管主体不仅包括美国国会（包括国会组成机构）和政府行政机构，还包括美国民众。联邦政府公司外部监管内容主要体现在对联邦政府公司的人事任免、薪酬管控、财务控制、价格管制等方面。对于联邦政府公司外部监管方式，除了政府问责办公室所进行的审计监督之外，还通过绩效考核的方式对联邦政府公司经营业绩进行目标管理。因此，本章主要包括联邦政府公司外部监管主体、监管内容以及监管方式三部分。

## 第一节　监管主体

美国实行三权分立、相互制衡的政治体系，立法与行政完全分立。基于宪法分权原则，联邦政府公司监管主体主要涉及国会及其组成部门和政府行政机构，但国会和政府行政机构在对联邦政府公司监管中的地位、作用、内容、方式等有各自侧重点。此外，联邦政府公司产权特殊性，决定了美国民众享有监督权，社会民众理所当然地成为实施联邦政府公司外部监管主体之一。

## 一、国会对联邦政府公司的监管

国会在联邦政府公司外部监管体系中居于主导地位。国会对联邦政府公司的监管主要是通过立法的手段而实施的一种外部控制。主要表现在：（1）联邦政府公司的成立、撤销由国会立法决定；（2）联邦政府公司的公司治理模式也由国会决定，并在各联邦政府公司特殊法中予以具体阐述；（3）联邦政府公司的业务范围及其调整决定也由国会立法来完成；（4）联邦政府公司董事的产生方式、董事会结构、董事薪酬、董事任期等事项也由各联邦政府公司特殊法决定，任命型董事以及部分联邦政府公司总裁（或 CEO）也必须征得国会参议院的批准；（5）联邦政府公司的资金筹措、举债规模也由国会批准，借款上限的调整也须经过国会立法才能实施；（6）部分联邦政府公司所提供的产品或服务的定价权也掌握在国会手中。

## 二、政府机构对联邦政府公司的监管

政府机构对联邦政府公司的外部监管主要由总统及管理和预算办公室执行。美国总统除了任命联邦政府公司主要领导人之外，还负责审查和批准企业预算。在政府内部，公共预算由总统直接管辖的管理与预算办公室（OMB）和财政部来承担，二者之间并不存在隶属关系。OMB 的主要职责：一是在国家的财政和经济政策上向总统提供咨询；二是编制联邦预算草案和中长期财政计划方案；三是监督行政部门的预算执行情况；四是起草有关行政命令和公告。财政部则主要负责收入概算和税收等日常事务，而隶属于国会的国会预算办公室是个附属机构，没有审批权（龙小兵，2007）。美国联邦政府公司都要依法每年编制经营预算提交给总统，由管理和预算办公室根据各部门、机构提出的各自预算方案，包括政府公司编制的经营预算，核查后编制联邦预算，交总统审核，然后由总统提交给国会。经国会批准后，按项目分配资金并监督行政部门的预算执行，保证其达到预算目标，促进政府内部机构之间的合作与协调（徐炜，2012）。

## 三、政府问责办公室对联邦政府公司的外部监管

作为美国国会最重要的组成部门之一——政府问责办公室（Government Accountability Office），最终担负起对联邦政府公司政府审计职责。政府问责办公室是美国国会之下的国家最高审计机构，担负着审查、监督美国联邦政府的所有收入、支出及项目效率、效果的重要职能，向国会直接负责并报告工作。审计联邦政府各部门和各级政府的拨款事项及其有关的各种业务；审查联邦政府各部门的预算执行情况；审查联邦政府各部门及政府公司的财务收支情况和经济效果。对联邦政府公司主要审计内容包括：对政府拨款使用情况进行监督；调查违纪案件；制定监督政策和制度；监控政府公司的工作等（徐炜，2012）。

## 四、社会民众监督

美国社会民众对联邦政府公司的监督形式多样，但主要体现在两个方面：一是社会舆论监督，主要通过新闻媒体监督来实现。在新闻自由原则及较强的新闻监督机制下，联邦政府公司特别是公共资金的运行情况往往成为社会关注的话题，从而强化了企业外部的监督力。二是来自民间审计的监督，美国联邦政府和政府问责办公室往往委托民间审计机构对联邦政府公司进行财务审计，这些民间审计机构掌握着联邦政府公司的经营状况和财务会计信息，能够起到对联邦政府公司外部监督的作用和效果（刘卫，2009）。由于美国具有世界上最为发达的民间审计组织，它们成为联邦政府公司外部监督体系的重要组成部分（张亮，2001）。

## 第二节　监管内容

国有企业监管内容可以概括为“管人”“管财”和“管事”三个方面。就联邦政府公司外部监管而言，“管人”主要表现在美国国会及总统对高级管理人员的人事管理，包括高级管理人员选聘标准和程序、薪酬管理、在职消费管理等；“管财”体现为对联邦政府公司的财务控制，包括预算管理、财政补贴以及融资方式；在联邦政府公司外部监管环节，“管事”并非是外部监管主体直接介入联邦政府公司的经营活动，而是有关外部监管主体对联邦政府公司产品和服务的一种价格管制。

### 一、人事管理

#### （一）高管人事管理

根据委托代理理论，美国联邦政府代表全体美国人民拥有联邦政府公司的所有权。美国联邦政府作为委托人，并不直接参与联邦政府公司的经营管理活动，而是通过其代理人——董事会和经理层来履行相应职责。

高管人事管理的法律依据。各联邦政府公司特殊法对联邦政府公司董事、总经理的任免、任期、资格等事项进行明确具体规定，并不存在一个适合于所有联邦政府公司的统一的人事管理制度，因而导致了各联邦政府公司的人事管理制度不尽相同。

高管人事管理的主体。对于美国联邦政府公司，国会和总统均直接参与联邦政府公司的人事管理活动，但二者的权限及职责有着明确的分工。国会拥有联邦政府公司董事任免的最终决定权，但总统享有提名权和任命权。联邦政府公司董事按照任命方式可以分为两类：一类是当然董事，这类董事不需要经过人事任命程序，仅根据各个联邦政府公司特殊法律规定自行产生，通常由联邦政府相关内阁部长或其代理人担任；另一类是任命型董事，该类董事的产生需要经过人事任命程序产生。对于联邦政府公司的任命型董事，其任命程序基本一致，均由总统提名、征求参议院意见，最终在参议院批准同意后由总统完成董事的任命。

高级管理人员任职遴选标准。联邦政府公司高级管理人员任职标准明确、具体，在各联邦政府公司特殊法中得以具体体现。以 TVA 为例，《TVA 法》规定 TVA 董事会由 9 名成员组成，必须至少有 9 名来自 TVA 服务区域内的合法居民，同时还规定其董事必须满足以下五项基本要求：（1）美国公民；（2）拥有管理大型企业、非营利机构、政府部门、学术组织的管理经验；（3）不能是 TVA 雇员；（4）必须向国会充分披露其在能源产业投资和财务收益状况；（5）切实履行 TVA 目标及使命，包括使 TVA 成为技术创新、低价电力、环境保护方面的国家“领头羊”。对于公司总裁的任职要求，国会不直接参与 TVA 总裁的任免决策，而是在明确某些原则的条件下将此项权力授予董事会，由董事会自行任命公司总裁。如《TVA 法》对公司总裁的任命提出了三项基本条件：（1）具有大型综合性组织机构高级管理经验；（2）为非现任 TVA 董事会成员，或者是 TVA 前任董事但退职已经超过两年；（3）符合董事会制定的利益冲突政策规定。除了一般基本条件限定外，TVA 董事会在任命总裁前还对其专业技能进行严格筛选，电力行业工作技能以及财务管理经验是两项重要考虑指标。可以看出，联邦政府对联邦政府公司高级管理人员的任职管理更加规范、具体，操作性更强。

### （二）高管薪酬管理

在薪酬制定依据上，各联邦政府公司高管薪酬制度较为完善，国会通过对联邦政府公司单独立法，以具体的法律条文明确规定了董事的薪酬及津贴标准。关于董事薪酬问题，最显著的特征体现在企业高管薪酬的差异上。美国联邦政府对联邦政府公司薪酬管制极其严格，各公司董事薪酬标准根据联邦政府公司特殊法来确定，董事薪酬数额固定。尤其是联邦政府雇员类当然董事，他们本身是某一行政机构负责人或其指定代理人，因作为联邦政府公务人员并依照公务员法领取了相应薪酬，故不能因履行董事一职从所任职的联邦政府公司领取任何薪酬，如 PBGC 的三名当然董事（劳工部长、商务部长和财政部长）。对于任命型董事，该类董事分为领薪董事和无薪董事两种。任命型无薪董事与当然董事一样，不得向其所服务的联邦政府公司领取薪酬。任命型领薪董事的薪酬标准存在着两种情况：一种情况是联邦政府公司特殊法确定一个固定的董事薪酬数额，如 EXIM、TVA、USPS 等；另一种情况是董事薪酬标准根据公务员法的规定执行，如 FCIC 领薪董事薪酬标准以美国法典第 5 章第 5332 节为依据。从董事薪酬数额看，联邦政府对其控制极其严格，即便是领薪董事，其薪酬金额也很低，一般控制在 5 万美元左右（见表 4－1）。

**表 4－1　　美国联邦政府公司董事薪酬情况**

| 公司 | 当然董事 | | 任命型董事 | |
|---|---|---|---|---|
| | 数量 | 薪酬 | 数量 | 薪酬 |
| AMTRAK | 2 | 运输部长无薪 | 7 | 非政府雇员、非 AMTRAK 雇员董事无薪，但因参加会议所产生的旅行支出*由 AMTRAK 承担 |
| EXIM | 2 | 无薪 | 5 | 公司董事长兼任 CEO 年薪 4 万美元，其他董事 3.8 万美元 |
| FDIC | 2 | 无薪 | 3 | — |
| USPS | 2 | 董事会决定 | 9 | 3 万美元＋会议补助 |
| TVA | 0 | — | 9 | 董事长年薪 5 万美元，董事兼各委员会主席年薪 4.6 万美元，一般董事 4.5 万美元 |
| OPIC | 7 | 无薪 | 8 | 执行联邦行政机构 4 级工资标准 |
| PBGC | 3 | 无薪 | 0 | — |
| FFC | 5 | 无薪 | 0 | — |
| CCC | 1 | 无薪 | 7 | 按公务员法规定执行 |

注：每一财政年度结束后 60 日内，AMTRAK 董事会应向众议院运输与基础设施委员会、参议院商业、科学与运输委员会提交一份董事旅行情况报告，报告内容应包括上一财政年度所有董事的旅行情况，以及向每位董事支付的商务旅行费用支出。AMTRAK 两位当然董事是运输部长和 CEO，运输部长不从 AMTRAK 领取薪酬，CEO 薪酬由 AMTRAK 董事会决定。

资料来源：根据各联邦政府公司特殊法的规定整理而得。

同时，联邦政府公司高管在职消费受到严格限制。美国联邦政府公司所有董事因履行与其职责一致的活动所引起的食宿、交通等支出进行补贴时，联邦政府公司特殊法对此有着明确具体的规定，以限制董事在职消费。如

《TVA 法》规定，TVA 董事因参加董事会及与 TVA 有关的公务活动所产生的交通、食宿等有关费用支出，与其他联邦雇员一样参照美国法典第 5 章第 5703 节的相关规定另行支付；USPS 董事因参加会议每日可获得 300 美元补助，但每年不能超过 42 天。

关于经理人员薪酬，一般而言，美国联邦政府公司董事会参照同行业、同等规模私有企业的经理人员薪酬标准，并遵守有关法律规定，独立决定经理人员薪酬方案，联邦政府无权加以干涉。也就是说，联邦政府对联邦政府公司经理层的薪酬控制较弱，经理层的薪酬制定权掌控在董事会中。

## 二、财务控制

### （一）预算管理

预算是一种能够对企业活动进行协调的决策制定工具和行为实施控制工具（Zimmerman，2000），兼具决策功能与控制功能（佟成生、潘飞、吴俊，2011）。企业预算是指企业经营活动的数量计划，预算管理则是以预算为基础进行企业财务、实务及人力等资源分配，同时通过预算来控制企业经营活动以确保实现战略目标的系统管理方法（高晨，2004）。预算首先应用于政府部门，其历史可追溯至 13 世纪的英国，此时英国人在政府部门中运用了预算（中国会计学会管理会计专业委员会，2008）。19 世纪末，为了限制支出成本，美国企业率先将预算引入广告费分摊上（刘俊茹，2006）。20 世纪 20 年代，美国杜邦公司、通用电气公司、通用汽车公司三家企业均将预算引入企业管理活动中。受此影响，许多大型工商企业纷纷效仿并普遍采用企业预算管理制度。企业预算内容与功能也在不断改善，从成本费用控制发展到企业财务资源规划与控制，再发展到企业组织资源规划与控制。70 年代以后，企业经营环境的不确定性增加以及市场竞争程度日益加剧，对预算管理的质疑也日益增多（Hope & Fraster，1999）。在这种条件下，传统预算管理何去何从，理论界形成了两种观点：一种观点可称之为改进派，主张将传统预算管理与现代信息技术、先进管理控制理念结合起来，以修正并完善传统预算方法，如作业基础预算、持续改进预算、战略预算、价值预算；另一种观点为超越预算派，主张放弃预算或者超越预算，仅将预算的作用、内容及范围局限在现金流量的预测和计划上，并采取其他绩效管理制度替代传统预算的控制与激励作用（高晨，2004）。

美国联邦政府对联邦政府公司的预算管理有着明确的法律要求。《政府公司控制法（1982 修正案）》指出，政府独资公司应向总统提交年度“商业性预算”（business-type budget）。该“商业性预算”主要内容包括对公司上一财政年度经营状况进行总结，以及对当年和次年公司的财务状况及经营结果进行估计和预测。此外，它还应当包括财务报表、收支情况、资金来源及使用情况、赤字与盈余分析，以及对于重大经营活动的估计、管理费支出情况、借款情况以及向财政部归还的美国政府资本金情况，等等。美国总统在收到各联邦政府公司预算计划并进行审查和修正后，将其与联邦政府行政部门预算一起呈送给美国国会。国会有权对联邦政府公司“商业性预算”进行修改，或者是限制特定用途的资金支出计划，但实际情况是国会很少干预联邦政府公司所谓的预算计划。联邦政府对联邦政府公司实行的预算管理制度环境较为宽松，使其有足够的灵活性以执行法定责任和使命。

在联邦政府公司预算监管具体事宜上，美国总统和议会监管职责侧重点不同。美国总统方面，联邦政府公司按规定每年向总统递交经营型预算。这种预算包括：（1）对财务状况的评估、对公司当前和来年经营状况的评估，以及对上一个财年经营条件和成果的评估；（2）财务状况表、收入和成本费用表（损益表）、资金筹集和使用表，对利润和亏损的分析，其他的财务报表和了解公司财务状况的信息，包括评估各种主要活动的经营状况，管理费用、借款，以及财年中需要返还美国财政部的政府资本的数量，弥补资本不足的财政拨款等；（3）为了企业实现经营活动，对一些灵活适用的特殊情况的规定。总统将这些联邦政府公司的预算向国会提交，作为整个联邦预算的组成内容。美国国会方面，国会将审议由总统提交的政府公司预算，并依法批准通过财政拨款，以使联邦政府公司获得必要运营的财务资源，并对联邦政府公司规定需偿付的资本和利息（徐炜，2012）。

（二）财政补贴

财政补贴是以企业或个人为资助对象的国民收入再分配的一种手段，是政府履行、实现经济职能的重要途径和方式。政府向国有企业提供财政补贴，在世界各国普遍存在。究其原因，在于国有企业是一种特殊企业，通常承担一些与私有企业不同的社会、经济和政治功能，可能因此导致企业出现政策性亏损。当然，政策性亏损有可能成为国有企业向政府索取财政补贴的借口，也会被国有企业利用并以此弥补因投资、经营、管理不善而导致的经营性亏损。十余家联邦政府公司中，亏损最为严重的莫过于 AMTRAK 和 USPS。本节将以 AMTRAK 和 USPS 为例，分析美国联邦政府对联邦政府公司财政补贴的模式与路径。

1. 联邦政府对 AMTRAK 财政补贴。

AMTRAK 自 1971 年成立以来从未实现盈利，一直依靠联邦政府财政拨款维持其运营亏损。1997 年，美国国会通过《AMTRAK 改革和经营责任法》(the AMTRAK Reform and Accountability Act of 1997)，该法案要求 AMTRAK 进行一系列改革，其中一项主要改革措施便是要求 AMTRAK 应该在 2002 年 9 月 30 日之后取消对 AMTRAK 的联邦运营赠款，以倒逼 AMTRAK 在无须获得联邦政府运营赠款条件下实现运营收支平衡。然而，2009 ~ 2012 财政年度，AMTRAK 运营亏损分别达 11.54 亿美元、12.08 亿美元、11.16 亿美元和 10.81 亿美元，这期间每一财政年度 AMTRAK 亏损均超过 10 亿美元。为解决 AMTRAK 财务危机，美国联邦政府不得不伸出援助之手，对 AMTRAK 进行财政补贴以维持其持续正常运营。2009 ~ 2012 财政年度，美国联邦政府根据《铁路客运投资和改进法》（Passenger Rail Investment and Improvement，PRIIA）给予 AMTRAK 运营赠款支持，支持金额分别为 3.22 亿美元、5.63 亿美元、5.62 亿美元和 4.66 亿美元，以减少 AMTRAK 运营亏损（见表 4 - 2）。如果考虑到其他形式的财政支持（包括运营赠款和资本赠款等），AMTRAK 在 2010 ~ 2013 财政年度获得联邦政府净拨款金额分别为 15.55 亿美元、14.75 亿美元、14.08 亿美元和 13.65 亿美元，2014 财政年度 AMTRAK 请求拨款

25.85 亿美元。①

表 4-2　AMTRAK 的运营收入和运营成本　单位：百万美元

| 指标 | 2009 年 | 2010 年 | 2011 年 | 2012 年预算 | 2013 年预计 |
|---|---|---|---|---|---|
| 总运营收入 | 2352.8 | 2513.4 | 2675.9 | 2787.1 | 2849.1 |
| 车票收入 | 1599.5 | 1742.9 | 1851.5 | 1967.9 | 2049.3 |
| 总运营支出 | 3507.2 | 3721.8 | 3791.7 | 3867.6 | 4036.5 |
| 薪金、工资和福利 | 1699.1 | 1791.7 | 1909.9 | 1889.3 | 1964.0 |
| 运营亏损 | -1154.4 | -1208.4 | -1115.9 | -1080.5 | -1187.7 |
| 折旧 | 562.6 | 593.1 | 664.4 | 735.2 | 737.4 |
| 扣除折旧后的净运营亏损 | -591.6 | -615.3 | -451.5 | -345.3 | -450 |
| PRIIA 授权的联邦运营赠款 | 321.9 | 563.0 | 561.9 | 466.0 | 631.0 |

资料来源：金碚等．中国国有企业发展道路［M］．北京：经济管理出版社，2013.

时至今日，AMTRAK 尚未摆脱持续亏损局面，依旧需要联邦政府财政支持维持其正常运营。2018 财政年度，AMTRAK 总收入达 34 亿美元，调整后的营业收入创历史新高，达 1.71 亿美元，同比增长 11.9%。总收入占运营成本的 79.9%，运营亏损持续存在。② 该财政年度，AMTRAK 总债务和资本租赁债务总计 10.56 亿美元，这一亏损缺口是主要依靠财政拨款的方式来填补的。为支持东北走廊和国家网路建设，在 AMTRAK《一般和立法年度报告和 2020 财政年度拨款申请》中，AMTRAK 向国会提出 18 亿美元拨款申请，这一拨款申请金额与 FAST 法案授权水平一致。

2003 财政年度之前，AMTRAK 自行决定联邦拨款资金的使用用途，只有在特殊情况下国会才会要求对具体用途进行说明。2001 ~ 2002 财政年度，AMTRAK 所经历的财务危机，直接导致了国会和联邦政府对拨款资金监督方式的变化。2003 财政年度，国会制定新的财政补贴监督措施，要求 AMTRAK

① 资料来源：2013AMTRAK 年度报告。

② 资料来源：2018AMTRAK 年度报告。

在分配联邦拨款资金使用用途时须征得运输部长的同意。2004 财政年度，联邦政府给予 AMTRAK 的拨款资金必须要分为运营支出账户和资本支出账户，并将过去由年度一次性拨付改为按季度拨付，拨款资金的使用也必须由联邦铁路局按月监控。此外，AMTRAK 必须向运输部长提交详细的商业计划并征得其同意。

当然，AMTRAK 必须向运输部长提交详细的商业计划并征得其同意，而且联邦政府对 AMTRAK 的财务援助必须通过国会立法后才能付诸实施。根据 2008《铁路客运投资和改进法》授权，美国运输部在 2009 ~ 2013 财政年度向 AMTRAK 提供总计 98 亿美元的联邦财政拨款补贴，以弥补其在经营成本和资本投资方面资金投入不足问题。2009 年 2 月 17 日生效的《2009 年美国复兴与投资法》（American Recovery and Reinvestment Act of 2009），授权美国联邦铁路局与 AMTRAK 达成 13 亿美元的拨款协定。ARRA 拨款资金必须用于指定用途以及在 2011 财政年度竣工的项目。2012 年 9 月 28 日生效的《2013 年继续拨款协议》（Continuing Appropriations resolutions，2013）向 AMTRAK 提供总额 4. 64 亿美元的财务援助，以用于 2012 年 10 月 1 日至 2013 年 3 月 27 日（或者是 2013 财政年度实施的拨款法案）期间的资本支出及贷款利息。《2013 年继续拨款协议》还向 AMTRAK 提供总计 2. 273 亿美元的运营补贴拨款。除了联邦政府财政拨款补贴外，AMTRAK 还会获得相关奖励资金。自 2005 年以来，通过城际客运铁路拨款计划（intercity passenger rail grants program)、美国复兴及再投资法案铁路及运输安全拨款计划（american recovery and reinvestment act rail and transit security grant program)，以及其他安全拨款计划等方式，对 AMTRAK 进行资金支持。

为顺利取得联邦财政补贴资金，AMTRAK 必须执行现代财务会计制度及报告制度。AMTRAK 董事会必须向运输部长及运输部监察长办公室提交为期 5 年的财务计划和年度预算报告，5 年期财务计划必须最低设置 16 项信息目录，包括预计收入及支出、预计客流量、长期及短期负债估计、劳动生产率统计资料、预期安全需要，等等。AMTRAK 必须在每年 2 月前向国会提交一份详细的年度预算说明，年度预算说明在提出总的预算请求的同时，还必须分类细化列出每一类具体预算请求金额。

另外，美国联邦政府通过专用性拨款计划支持阿拉斯加铁路公司。阿拉斯加铁路公司由阿拉斯加州拥有并经营，其铁路线位于北美洲的最北端，同时提供客运、货运服务。阿拉斯加铁路公司并未得到联邦政府的运营补贴，但有权获得来自联邦政府给予具体铁路改进项目资本拨款援助。对于联邦政府拨款，由 FRA 和联邦铁路管理局（Federal Transit Adminis-tration）共同负责行使管理职能。具体拨款援助项目主要包括调整经由埃尔门多夫空军基地与理查德森堡空军基地铁路线、修建 80 英里长的北极与德尔塔章克申之间的北部铁路支线，以及调整温赖特堡铁路线以服务于陆军装卸码头，等等。

2. 联邦政府对 USPS 财政拨款。

根据法律规定，作为联邦政府的独立分支机构，USPS 的经营收入免于缴纳税款。即便如此，邮政业务市场竞争日趋激烈背景之下，USPS 也难逃亏损的不利发展局面，如表 4－3 所示。

**表 4－3　USPS 收入与支出**　　单位：十亿美元

| 指标 | 2008 年 | 2009 年 | 2010 年 | 2011 年 | 2012 年 |
|---|---|---|---|---|---|
| 运营收入 | 74.9 | 68.1 | 67.1 | 65.7 | 65.2 |
| 运营费用 | 77.7 | 71.8 | 75.4 | 68.4 | 67.5 |
| 薪酬与福利 | 52.4 | 50.9 | 48.9 | 48.3 | 47.7 |
| 退休员工健康福利 | 7.4 | 3.4 | 7.7 | 2.4 | 13.7 |
| 其他运营费用 | 18.0 | 17.6 | 18.8 | 19.9 | 19.5 |
| 运营亏损 | －2.8 | －3.7 | －8.3 | －4.9 | －15.7 |
| 总资产 | 26.0 | 28.1 | 24.3 | 23.4 | 22.6 |
| 总负债 | 27.7 | 33.5 | 38.2 | 42.4 | 57.5 |
| 净资产 | －1.7 | －5.4 | －13.9 | －18.9 | －34.8 |
| 政府投入 | 3.0 | 3.1 | 3.1 | 3.1 | 3.1 |

续表

| 指标 | 2008年 | 2009年 | 2010年 | 2011年 | 2012年 |
|---|---|---|---|---|---|
| 1971年重组以来亏损总额 | -4.7 | -8.5 | -17.0 | -22.1 | -38.0 |

资料来源：USPS Annual Report to Congress 2012.

USPS亏损严重，2012财政年度净亏损达159亿美元，自1971年重组以来累计总亏损高达380亿美元。尽管法律规定USPS正常运营不能获得联邦拨款补贴，但有权从联邦政府获得公共服务拨款①、低价邮件补贴拨款和收入放弃拨款（金碚、刘戒骄，2004）。2012财政年度，USPS从联邦政府获得的低价邮件补贴和收入放弃拨款补贴占运营收入的0.2%，总额达1.37亿美元（USPS，2012）。USPS自重组以来重要年份接受联邦拨款情况如表4-4所示。

**表4-4　USPS自重组以来重要年份联邦政府拨款情况**　单位：百万美元

| 年份 | 邮政总收入（包括拨款） | 邮政总收入（不包括拨款） | 拨款项目 | 拨款金额 | 拨款收入占总收入比重 |
|---|---|---|---|---|---|
| 1971 | 8752 | 6665 | 低价补贴和公共服务 | 2087 | 23.8% |
| 1976 | 12844 | 11199 | 免费和低价邮件补贴 | 725 | |
| | | | 平衡上年度收支 | 0 | |
| | | | 公共服务 | 920 | |
| | | | 小计 | 1645 | 12.8% |
| 1986 | 30818 | 30102 | 免费和低价邮件补贴 | 750 | |
| | | | 平衡上年度收支 | (34) | |
| | | | 小计 | 716 | 2.3% |
| 2003 | 68529 | 68498 | 盲人和海外投票邮件补贴 | 49 | |
| | | | 平衡上年度收支 | (18) | |
| | | | 小计 | $31 | 0.1% |
| 2006 | | 72650 | 盲人和海外投票邮件补贴 | 80 | |
| | | | 收入放弃补贴 | 29 | |
| | | | 公共服务 | 0 | |
| | | | 小计 | 109 | |

① 公共服务拨款于1982年结束。

续表

| 年份 | 邮政总收入（包括拨款） | 邮政总收入（不包括拨款） | 拨款项目 | 拨款金额 | 拨款收入占总收入比重 |
|---|---|---|---|---|---|
| 2011 | | 65711 | 盲人和海外投票邮件补贴 | 118 | |
| | | | 收入放弃补贴 | 29 | |
| | | | 小计 | 137 | |

资料来源：金碚、刘戒骄等．中国国有企业发展道路［M］．北京：经济管理出版社，2013.

当然，为弥补运营资金缺口，USPS 也可以从联邦融资银行（Federal Financing Bank）借款，借款数额取决于以下几个因素：一是运营现金流缺口；二是资本缺口，资本包括用于新设施、新装备、新服务的投资；三是年度借款有上限规定，借款额不能超过这个限度。2011 财政年度，USPS 借款上限为 150 亿美元（金碚等，2013）。

3. 小结。

通过上述分析发现，联邦政府对联邦政府公司的拨款补贴，都是因为承担政府公共职能而对其所进行的一种补偿，其目的均是通过补贴以维持企业的正常运营，确保既定使命的完成。只要联邦政府公司能够持续正常运营，一般情况下，某些业务领域的亏损是不会得到联邦政府拨款补贴的。如 AMTRAK 和 USPS，因其亏损导致企业财务困难，在城际铁路客运服务和普通邮政服务的有效持续供应受到威胁的条件下，才能够获得联邦政府的财务援助。同时，还必须遵循严格的法律程序，美国联邦政府对联邦政府公司财政拨款是通过立法过程来实现的。此外，财政拨款过程也是总统与国会、民主党与共和党博弈的过程，总统及其下属的管理与预算办公室等行政部门以及国会下属的拨款委员会等立法部门，均参与美国联邦政府年度拨款事务之中。其中，国会在拨款事务决策中发挥着决定性作用，这是由美国宪法所赋予的权力。正如《美利坚合众国宪法》第 1 条第 9 款规定，“除了依照法律的规定拨款之外，不得自国库中提出任何款项”。另外，对拨款资金使用严格管理。美国联邦政府的财政拨款资金，其使用有着严格的法律规定，拨款资金必须用于特定目的和具体项目，如联邦政府对 AMTRAK 拨款要将运营账户和资本账户分开，对 USPS 的联邦拨款也要分为低价邮件补贴和收入放弃拨款补贴，其目的在于防止交叉补贴、监管拨款资金使用、保证普遍服务的持续供给。

（三）融资方式

融资方式是指经营主体获取资金的形式、手段、途径和渠道。按照融资过程中资金来源的不同方向，可以将其分为内源融资和外源融资两种类型。内源融资实际上一种自我融资，主要依靠自我储蓄来实现，由留存收益、折旧及资产出售等构成。

在制度设计上，联邦政府公司融资方式通过联邦政府公司特殊法进行明确限制，联邦政府公司融资方式、融资渠道、融资规模等均须在法律框架下执行。在融资模式上，联邦政府公司进行外源融资时的选择余地较小，法律授权的融资方式以借款融资和债券融资为主（UNICOR、SLSDC 等融资渠道更为狭窄，外源融资尚未得到法律授权），企业公开上市进行股票融资是非法的。在融资规模上，联邦政府对联邦政府公司借款、发行债券的规模有着具体的法律限制（见表 4 －5），联邦政府公司必须在法律规定的范围内进行融资。

**表 4 －5　主要联邦政府公司融资方式及融资规模情况（2013 年）**

单位：亿美元

| 公司 | 借款限额 | 筹资方式 |
|---|---|---|
| EXIM | 60 | 发行票据、债券等方式向美国财政部借款 |
| FDIC | 1000 | 向财政部直接借款，向联邦融资银行发行债券融资，从被保险储蓄机构的借款注入储蓄保险基金，从联邦住宅贷款银行借款注入储蓄保险基金 |
| USPS | 150 | 向联邦融资银行借款 |
| TVA | 300 | 债券、票据等 |
| CCC | 300 | 美国财政部以及市场私人资本市场借款，经财政部长批准可发行债券融资 |
| UNICOR | 公司净资产 25% | 向财政部出售债券 |

续表

| 公司 | 借款限额 | 筹资方式 |
| --- | --- | --- |
| OPIC | 290 | — |
| PBGC | 1 | 向财政部借款（用于流动资金） |

资料来源：根据各联邦政府公司特殊法整理而得。

## 三、价格管制

信奉自由竞争理念的美国，联邦政府极少直接干预微观经济活动，企业享有完全经营自主权，突出表现为企业享有独立定价权。然而，联邦政府直接介入微观经济活动，一方面表现为特定产业管制，产业管制始于对铁路产业管制，尤其是对铁路运费的直接干预；另一方面表现为对联邦政府公司产品或服务的价格管制。

### （一）美国联邦政府对铁路产业的价格管制

19世纪后半期，美国铁路产业快速发展，铁路产业过度竞争与局部性垄断现象并存，歧视性定价普遍存在。在铁路货运市场方面，铁路公司将价格歧视运用到极致，根据服务对象、货物类别、运输距离以及竞争性因素等制定不同的价格。通常情况下，大货主能够得到较低运价折扣优惠，而小货主只能忍受高价；短途运输价格有时会超过长途运输价格；在竞争激烈的平行运输线路上，铁路公司制定低于平均成本的低价进行价格竞争，而在具有市场势力的垄断线路上则制定垄断高价掠夺托运人，攫取高额垄断利润，并以此来弥补竞争线路上的亏损。除了直接的价格差别之外，铁路公司还通过回扣退款的隐蔽性方式实施歧视性定价。同样在铁路客运市场下，价格歧视同样存在。有地位、有权势的旅客能够享受到减免车票的优惠待遇，而那些没有地位的旅客则需要全额购买车票（汪建丰，2002）。

不公平运价直接招致托运人的强烈不满，19世纪60年代末至70年代中期，“农会运动”旗帜鲜明地反对铁路公司的价格差别定价，并要求联邦政府和州政府对不公平运价进行管理。在此背景下，美国部分州率先行动，向歧视性定价宣战。伊利诺伊州通过反对铁路公司不公平运价的第一个法令，该法令要求铁路公司应制定“公平、合理和一致的运费”，并在次年的新宪法中规定，应通过法律防止铁路公司在客运、货运市场上存在的不公平运价和区别对待行为（福克纳，1989）。1871～1874年，伊利诺伊州、艾奥华州、威斯康星州以及明尼苏达州通过法律以加强铁路产业监管（沃尔顿、罗考夫，2011）。由于铁路的跨区域特征，州政府无法处理跨州间的运输问题，政府管制主体自然转移到联邦政府层面。1887年，美国国会通过了《管制商务法》（An Act to of Regulate Commerce），并依据该法成立了美国历史上第一家联邦政府管制机构——州际商务委员会（Interstate Commerce Commission，ICC）。

《管制商务法》的立法思路十分明确，通过建立联邦政府管制机构，对铁路产业实施政府管制、遏制垄断，以达到消除价格歧视、实现运价公平合理的目的。为提高管制效果，为ICC实施管制提供依据，《管制商务法》对若干违法行为进行了规定。其中，规定以下行为均构成违法：公共承运人通过特殊运价、回扣、退款等方式所实行的价格差别行为；公共承运人对短途托运人收取比长途托运人更多报酬的行为；公共承运人之间联营缔结任何契约、协议，或者是分配利润等行为；实际征收的运费超出公开运价表范围的行为。同时，还要求公共承运人公布运价以便于公众查阅，运价的变更须至少提前10日告知，运价须向ICC备案，等等。为了对公共承运人的违法行为实施有效打击，《管制商务法》赋予ICC一定的权力，如有权调查所有公共承运人的经营、管理情况，有权要求证人出席、提供证词，可以请求美国任一法院给予援助，等等。同时，为了防止ICC专权、越权、弄权行为，《管制商务法》对ICC权力进行了一定程度的约束，如ICC在执行任何调查活动时，都应该以书面的形式写成调查报告，并记录在案，副本应提供给原告当事人和公共承运人；ICC在处理商业诉讼时，应采取最有利于商业活动的方式进行，同时应有过半数委员参加，并且要求与案件有关的委员应回避。

《管制商务法》为美国联邦政府干预铁路产业提供了一个基本的管制框架，但也存在着严重的缺陷，即如何识别、判断以及裁决所谓的不公平差别待遇问题。在铁路公司的极力抗争中，不公平运价概念及边界的含糊不清，使得《管制商务法》的作用大大削弱。州际商务委员会虽然是国会立法批准成立的管制机构，但因缺乏必要的执法权，其所作决定的非强制性使得管制效果也大打折扣，在很大程度上为日后 ICC 处理商业纠纷提出了挑战。

由于《管制商务法》的诸多条款在界定上的模糊性，美国国会随后通过了一系列法律对有关内容进行具体规定。如 1903 年国会通过《埃尔金斯法》(Elkins Act)、1906 年《赫伯恩法》(Hepburn Act)、1910 年《曼 - 埃尔金斯法》(Mann-Elkins Act)、1920 年《运输法》(transportation Act) 等。美国国会通过的一系列法律，使得 ICC 管制职能、管制权力极度膨胀，导致了铁路产业政府管制过度。20 世纪六七十年代，过度管制以及替代性竞争的出现，使得铁路产业在客货市场上的份额急剧下降，铁路行业投资收益率大幅度降低，铁路行业濒临崩溃。

可以说，20 世纪 70 年代以前，铁路运费受到州际商务委员会 ICC 的严格管制，铁路公司运价必须按照 ICC 规定执行，变动运价是被允许的，价格的任何变动须提前获得 ICC 批准。1976 年，国会通过的 4R 法案已开始放松对铁路的价格管制。不过，铁路价格管制的全面松动是 1980 年《斯塔格斯铁路法》的实施。《斯塔格斯铁路法》彻底改变美国政府对铁路产业的管制政策，在最大程度上允许竞争，减少政府对铁路运输的直接干预，促使铁路承运商之间以及铁路运输与其他运输方式之间展开有效竞争。

《斯塔格斯铁路法》放松运输价格管制，允许铁路承运商自行制定运输价格。(1) 在不合理运价问题上，ICC 立场更加务实、客观，不以是否实施价格差别为理由干预铁路运输定价。即使铁路承运商实施价格差别，只要其获取正常收益而非以此攫取超额利润，此种定价行为也不构成违法，政府也不应干预。(2) 关于最低运价的规定，以是否有助于保持该铁路承运商继续经营价值作为判断最低运价的标准。铁路承运商制定的运费价格大于或等于提供此项运输服务所需的可变成本，应当视为有助于保持该铁路承运商继续经营价值。当 ICC 裁定某一运价未达到最低运价时，ICC 有权要求改铁路承运商提高运价至最低运价水平。(3) 关于最高运价的规定。该项规定是针对市场操控行为而言的，以成本补偿率作为识别最高运价的标准，成本补偿率为最低收入与可变成本之比的百分率。如果运价使收入与可变成本之比的百分率满足下列条件：在《斯塔格斯铁路法》生效之日起至 1981 年 9 月 30 日期间为 160%，此后每年递增 5% 直至 1984 年 9 月 30 日，1984 年 9 月 30 日后每 12 个月内低于成本补偿率，ICC 就应该裁定铁路承运商没有实施市场操纵行为。实际上，ICC 基本认定成本补偿率在 170% ~180% 之间。然而，如果运价使收入与可变成本比值的百分率超过上述标准时，并不能因此认定存在着市场操纵行为。① 在《斯塔格斯铁路法》生效之日起 180 天内以及以后每一年，ICC 都将裁定铁路承运商的运输成本补偿率。成本补偿率以一级铁路公司最近一个相关年间承担的所有产品运输的收入与支出数据为依据，统计抽样决定，并在呈送至国会报告中裁定该年度成本补偿率。（4）对可回收利用物运价的特别规定。铁路承运商都应采取一切必要措施减低可回收利用物的运输价格。除钢铁外，可回收利用物运价水平使其收入与可变成本比率保持在等于或低于这样一种收入与可变成本的平均百分率，即该运价使铁路承运商在诚实、经济、有效管理状态下的收入能否补偿包括折旧和报废在内的全部运行支出。只要运价水平等于或者是高于 ICC 制定的收入与可变成本百分率，该运价就不应上调。（5）关于合同运输。铁路承运商可与一家或多家铁路运输服务购买者签订运输合同，以合同确定的运价和服务等条件提供运输服务。所有合同都应提交至 ICC 备案，合同运价协议在得到 ICC 批准后才能生效。针对运输合同的有关指控，只能诉诸美国的州或地区法院进行处理。任何一家铁路承运商均可以签订农业商品运输合同，但承运商用于此项运输服务的自有或租赁设备不能超过其运输能力的 40%。（6）关于运价调整通知。运价调整通知是针对公共运价而言的。铁路承运商若提高运价，在发布通知后 20 天后有效；若是降低运价，在发布通知后 10 天后有效。

① 1995 年，州际商务委员会终止法对市场操纵行为进行了进一步规定，若运价使收入与可变成本比值的百分率超过 180% 时，通过对该运输市场竞争程度的分析，得出铁路承运商是否进行市场操纵行为。

美国联邦政府产业管制始于铁路产业，而且在一个比较长的时期内实施了较强的产业管制措施，特别是对铁路运费价格的严格管制，但基于市场经济体制和自由竞争理念，联邦政府铁路产业管制实施了一系列改革，改革的基本趋势是放松管制，包括铁路运费价格管制。一般情形下，只要不存在垄断和歧视性定价，铁路运价主要由市场竞争形成。尽管 AMTRAK 是美国唯一一家经营全国范围内的城际客运铁路运输服务的企业，在铁路客运市场上不存在竞争者，实际上 AMTRAK 所处的竞争环境却十分激烈，主要原因在于美国发达的航空和公路运输系统对铁路客运较强的替代效应。在这一背景下，联邦政府就没有理由对 AMTRAK 票价进行干预。事实上，旅客票价由 AMTRAK 自主决定，政府不加干涉。

（二）联邦政府对联邦政府公司的价格管制

美国联邦政府对联邦政府公司产品或服务价格管制模式不尽相同，对各个联邦政府公司定价权的干预程度差异巨大。具体而言，联邦政府根据联邦政府公司产品服务性质、可竞争程度、社会经济影响等方面综合考量，产品或服务价格管制可以分为完全价格管制、价格上限管制和企业自由定价三种。其中，完全价格管制和价格上限管制仅为个例，对于绝大多数的联邦政府公司的产品或服务价格，联邦政府基本不加干预和控制，主要由企业根据市场供需情况自行决定。

完全价格管制的情形仅存在于 PBGC。PBGC 为福利确定型企业年金计划提供保险服务。PBGC 的保险费类别、费率由国会立法决定。PBGC 保险费实行固定保险费和变动保险费两种形式，并对所有雇主采取同一保险费费率。固定保险费是针对根据计划参与人头数缴纳，与雇主计划筹资是否充足无关。保险费费率的调整也是通过立法的形式进行，PBGC 无权自行调整保险费率。PBGC 单雇主福利确定型计划保险费费率由成立之初的每年 1 美元/人，在 1987 年提高至 16 美元/人，并开始对筹资能力不足的计划收取可变保险费（保险费率为 6‰）；1991 年固定保险费费率上调至 19 美元/人，可变保险费费率也增至 9‰，总保费限额最高 72 美元/人；1996 年及以后，可变保险费最高限额取消，2006 年固定保险费进一步上涨，达 30 美元/人，并根据物价指数进行调整。[①] 2013 年 PBGC 年度报告显示，该年固定保险费费率创新高，每年为 42 美元/人，同时再次为可变保险费实行最高限额，平均每年 400 美元/人。

价格上限管制的典型例子是 USPS。USPS 改制之前，邮政服务费费率由国会立法决定。1971 年《邮政重组法》生效后，要求 USPS 以收回运营成本为原则制定邮政服务费费率。《邮政重组法》要求 USPS 根据回收运营成本的原则自行制定费率。当 USPS 认为目前的费率不能回收未来的成本时，若要调整邮政费率，这一过程冗长而复杂。在 USPS 确定需要调整邮政费率之后，USPS 向独立的联邦机构——邮政费率委员会（the Postal Rate Commission）提交费率调整草案，该草案包括有广泛的证据和冗长的文件支持的详细费率调整建议。邮政费率委员会经过 10 个月的讨论，包括举行由邮寄者、竞争者和消费者代表等相关利益方参加的听证会。10 个月讨论期结束后，邮政费率委员会向邮政服务管理委员会提交费率调整建议，管理委员会可以批准、拒绝此项建议或在进一步讨论后修改此项建议，这个过程一般需要 18 个月的时间（金碚等，2013）。

为简化 USPS 邮政费率调整程序，2006 年，美国国会通过并实施了《邮政责任与加强法》（Postal Accountability and Enhancement Act），赋予 USPS 在邮政费率制定方面更大自主权和灵活性。由于一级邮件与标准邮件属于垄断业务缺乏市场竞争，这两类邮政服务价格（即邮政费率）实行价格上限管制，在最高限价之内 USPS 享有法定自由定价权，对于因突发状况或者无法预计到的原因必须将价格调至最高限价之上时，需要得到邮政管制委员会批准（金碚等，2013）。对于竞争性业务则不适用于价格上限管制，USPS 自行决定邮政费率，不需要邮政委员会批准。交叉补贴是明令禁止的，确保竞争性产品和服务没有来自非竞争性产品和服务的补贴，以防止利用垄断业务补贴竞争性业务导致邮政服务行业不公平竞争。每个竞争性业务必须足额负担

① 郑秉文，黄念．美国待遇确定型企业年金计划担保机制的困境与前景［J］. 美国研究，2006（4）：29－50.

其可归集的成本，所有竞争性业务一起分担一定比例的公司费用。尤其是在USPS调整竞争性邮政业务费率时，邮政委员会特别关注是否满足这些要求（刘戒骄，2014）。

由此可以看出，美国联邦政府对联邦政府公司价格管制具有以下特点：一方面，联邦政府对企业微观产品和服务价格管制持谨慎态度，微观产品和服务价格管制具有明确边界，并非所有联邦政府公司产品价格都在联邦政府管制之下，联邦政府公司产品和服务价格主要由市场竞争机制形成，联邦政府干预较少，这取决于市场竞争程度和产品属性。另一方面，国会及相关国会组成部门在价格管制中处于核心地位，国会通过立法以及授权监管机构的形式直接实施价格管制，联邦政府公司产品和服务价格是否调整以及调整幅度大小均依法进行，行政机构无权干预联邦政府公司产品和服务价格。如PBGC的保险费费率由国会立法确定，并且保险费费率的调整也必须通过立法修正才能完成。

## 第三节 监管方式

联邦政府公司外部监管主要方式，一方面是政府问责办公室对联邦政府公司财务收支状况所进行的审计监督，侧重于考核联邦政府公司财务状况和经济利润；另一方面是通过绩效考核对联邦政府公司经营活动的效率效果进行评价，以检验联邦政府公司公共政策目标和社会责任履行状况。

### 一、审计监督

#### （一）政府审计机构

政府问责办公室的前身为政府审计办公室（Government Auditing Office, GAO），是美国国会为处理第一次世界大战后美国联邦财务管理混乱的局面，依据《1921年预算与会计法》（Budget and Accounting Act of 1921）设立的一个独立于行政部门之外的超党派财政监督机构。2004年7月，政府审计办公室人力资源改革法修正案将其更名为政府问责办公室。GAO 被称之为“国会看门狗”（congressional watchdog），负责监督审查联邦政府所有账目、支出和公共经费使用。GAO 的负责人为主计长（comtroller general），由总统根据国会建议的主计长候选人名单提名并经过国会参议院批准，其任期长达 15 年。GAO 是实施联邦政府公司审计监管的专门机构，既是联邦政府审计准则的设计者，也直接参与联邦政府公司审计活动，并承担起所有涉及联邦政府公司审计活动最终监管审查的职责。GAO 并不是仅仅由那些具有会计、审计专业知识的财务专家组成，而是形成了一个拥有 3300 多名集专业化、多样化队伍组成的专业问责机构，其人员队伍包括经济学家、社会科学家、会计师、公共政策分析员、律师、计算机专家以及在外交政策和医疗保健服务领域的专家，其中，会计、审计专业的审计人员比例约 30%。

（二）政府审计体系

美国联邦政府公司政府审计体系由 GAO、监察长办公室、社会审计机构组成。联邦政府对联邦政府公司的审计监督可以分为两种类型：第一种类型是在 GAO 的监督下，由监察长或者由监察长委任的社会审计机构具体实施审计业务。根据《政府公司控制法》的规定，联邦政府公司的财务报表应由该联邦政府公司监察长进行审计，在该联邦政府公司监察长批准同意的前提下也可以由外部独立审计师负责实施。对于没有设置监察长办公室的联邦政府公司，财务报表审计由该联邦政府公司董事会委托外部独立审计师进行。外部独立审计师在完成审计工作后，应向联邦政府公司董事会、众议院政府运营委员会（Committee on Government Operations of the House of Representatives）主席、参议院政府事务委员会（Committee on Governmental Affairs of the Senate）主席提交审计报告。主计长有权对包括监察长、外部审计师实施的财务报表审计结果进行审核，并向国会、管理及预算管理办公室主任、联邦政府公司董事会提交包括结果审核意见、主计长认为适当的建议在内的说明。第二种类型体现在 GAO 直接对联邦政府公司进行审计。《政府公司控制法》规定：主计长有权在其认为必要的时候，或者是在国会有关专门委员的要求下，对联邦政府公司财务报表进行审计。一般情况下，除非另有法律规定，联邦政府公司财务报表的政府审计工作一般由社会审计机构负责实施。不过，FDIC 财务报表和内部控制审计均由 GAO 负责执行，这是美国法典第 12 章第 1827 节（c）款的法定要求。根据法律规定，主计长在每一财政年度，应按照《一般公认政府审计准则》（Generally Accepted Government Auditing Standards）对 FDIC 的存款保险基金（deposit insurance fund）和 FSLIC 清算基金（FSLIC resolution fund）进行审计。FDIC 在接受主计长审计过程中，须无保留地向其提供公司、存款保险基金、FSLIC 清算基金所有账簿、记录、账户、报告、文件、公司资产使用状况资料，以及独立注册审计师审计的基金财务报表。总体而言，GAO 是联邦政府公司政府审计的最终责任主体，社会审计机构是执行审计业务的实施主体。

通过以上分析可以看出，与美国资本主义制度体系相一致，联邦政府公司政府审计制度体系较为完善，成为美国联邦政府实施联邦政府公司政府审计的有力工具。

（三）政府审计实践

1975 年之前，按照《政府公司控制法》的规定，GAO 负责对联邦政府公司进行年度财务审计。在 GAO 的请求下，《政府公司控制法》对联邦政府公司财务审计的法律规定进行修正，将联邦政府公司的财务审计期限由年度审计调整为三年至少审计一次。作为《1990 首席财务官法》（Chief Financial Officer Act of 1990）的内容之一，GAO 对联邦政府公司进行年度审计的建议得到国会批准。与此前不同之处在于，根据《政府公司控制法》的法律授权，GAO 对联邦政府公司的政府审计权限下放至联邦政府公司。具体而言，联邦政府公司监察长负责实施联邦政府对联邦政府公司的审计监督工作，联邦政府公司监察长既可以直接对联邦政府公司财务报表进行年度审计，也可以委托外部独立审计机构负责实施。对于没有设置监察长办公室的联邦政府公司，由联邦政府公司董事会委托外部独立审计机构进行审计。不管具体由谁来从事审计活动，都必须按照《一般公认政府审计准则》进行。联邦政府对联邦政府公司的审计监督重点已不再仅仅围绕财务收支合规性进行审计，而是由财务审计过渡到绩效审计。

## 二、绩效考核

### （一）绩效考核的法律基础

美国国会认为，执行联邦政府项目中存在的浪费与无效行为削弱了美国民众对政府的信任，并降低了联邦政府向社会公共提供必要需求的能力。同时，由于对联邦政府项目目标缺乏清晰陈述、对项目绩效信息披露不够充分，使得联邦政府机构管理者在改善项目效率效果方面处于不利地位。此外，由于对项目绩效及其结果重视不够，导致国会在政策制定、支出决定及项目监管过程中受到严重阻碍。为了提高美国民众对联邦政府能力的信任、改善联邦政府项目效果和公共责任、帮助联邦政府机构管理者改进服务、优化国会在联邦项目及其支出方面的决策以及增强联邦政府机构内部管理水平，美国第103届国会于1993年最终通过了《1993政府业绩与结果法》（Government Performance and Results Act of 1993），同年，经过克林顿总统签署正式生效，成为指导美国政府绩效考核的一项基本法律。

### （二）绩效考核的制度框架

《1993年政府业绩与结果法》不仅要求改善联邦政府机构及项目的效率及效果，还对联邦政府公司的经营管理行为具有法律约束力。《1993年政府业绩与结果法》制度框架由战略规划、年度业绩计划、年度业绩报告三部分组成，并对其内容要求的规范性进行了具体规定（见表4－6）。

表4－6　联邦政府公司业绩考核制度框架

| 制度框架 | 内容 | 备注 |
| --- | --- | --- |
| 战略规划 | （1）对机构使命进行概括性陈述；（2）目标体系设置，总体目标不需要采取定量或者是可衡量模式，但必须得到准确陈述以便于能够应用于未来机构或项目目标评估；（3）实现目标的途径及方法，包括重大行动计划时间表以及为达成目标所需要的人力、资本、信息及其他资源；（4）年度业绩计划与战略规划目标体系的相关性说明；（5）对于影响机构目标实现的重大外部因素；（6）项目评估说明，以用于建立或者是修正总体目标，并对未来项目评估进行安排 | 期限不应少于5年，并且至少每3年需要对其进行更新和调整 |

续表

| 制度框架 | 内容 | 备注 |
| --- | --- | --- |
| 年度业绩计划 | （1）设定业绩目标，确定项目活动将要完成的业绩水平；（2）以客观、可量化、可衡量形式对上述目标进行阐述；（3）简要说明操作流程、技术技巧以及达成目标所必需的人力、资本、信息及其他资源；（4）建立业绩指标体系，以衡量、评价相应的产出与服务水平以及每一个项目活动结果；（5）为项目实际结果与已经设立的业绩目标进行对比提供判定基准；（6）对采用的评估价值的手段与工具进行说明 | 管理及预算办公室主任有权要求每一家联邦机构准备一份年度业绩计划 |
| 年度业绩报告 | （1）对实际业绩完成情况与年度业绩计划目标进行比较；（2）评估当前财政年度业绩计划；（3）对于未达到既定业绩目标，应说明原因；（4）对于不可行或者不切实际的业绩目标，应提出修改建议 | 每年3月31日前机构负责人须向总统及国会提交上一财政年度项目业绩报告 |

资料来源：作者自行整理而得。

### （三）绩效考核的指标体系

联邦政府公司有着区别于联邦政府机构和一般私有企业的集公共性与企业性于一身的特性，对其绩效考核也必须避免单纯的经济指标，如利润指标、企业规模指标、投资指标等一般企业绩效评判标准，同时应兼顾社会公共政策指标，应综合考虑经济指标与公共政策指标并将其摆在同等重要的位置进行考核评判。对于各联邦政府公司，按照各联邦政府公司特殊法以及相关法律，分别形成业绩考核制度体系和评价体系。

以TVA为例，其绩效考核框架主要包括经济价值指标和社会环境指标两个方面。经济价值指标是衡量所有企业经营业绩的重要指标，TVA业绩评判中也应坚持这一指标，但其评价维度与一般私有企业以单纯追求企业商业利益最大化为唯一评判准则不同，除了考核企业财务状况之外，更加重视对消费者利益的考虑，如电力销售价格是否足够低廉？电力传输成本是否节约高效？等等。社会环境指标是TVA业绩考核指标体系中显著区别于一般性私有企业的最重要特征。社会环境指标的设定是为了促进其更好地履行《TVA法》所要求实现的综合开发、资源保护、水土保持、防洪灌溉、河道管理等法定职责，同时也是联邦政府公司以特殊企业形式应该承担的社会公共政策责任。具体的考核指标如洁净空气、电力供应可靠性等。以 2014 财政年度《TVA 年度业绩计划》为例，该财政年度 TVA 业绩考核包括使命陈述、战略目标、业绩测量、关键外部因素、完成目标必要的技术及资源条件等方面（见表 4－7）。

**表 4－7　　2014 财政年度 TVA 年度业绩计划及评判指标**

<table>
<tr><th>使命</th><th>战略目标</th><th>业绩测量</th><th>关键外部因素</th><th>技术及资源条件</th></tr>
<tr><td rowspan="7">提供低价、可靠的电力；<br>环境管理；<br>经济与农业发展；<br>技术创新；<br>河道综合治理</td><td>低价电力</td><td>零售电价；<br>电力传输成本</td><td rowspan="7">区域经济增长及其对电力需求影响；<br>电力生产所需燃料成本变动；<br>法律、法规的变化，特别是涉及环境合规性、可靠性、完全方面的法律法规；<br>技术变动；<br>竞争因素；<br>市场利息率的变动；<br>经营及维护成本的变动</td><td rowspan="7">财务资源：自定电价收回生产传输成本；利用电力销售收入支付重大管理支出；<br>物质资源；<br>管理及人力资源：继续努力提高效率；<br>继续训练、培养技能全面的劳动力队伍以提高劳动生产率</td></tr>
<tr><td>洁净空气</td><td>降低二氧化碳排放；<br>降低二氧化硫排放；<br>降低氮氧化物排放</td></tr>
<tr><td>更多核电</td><td>新增核电装机容量；<br>总核电传输成本</td></tr>
<tr><td>更高能源效率</td><td>能源效率节约；<br>降低电力峰值负荷</td></tr>
<tr><td>社会责任</td><td>利益相关者综合评价；<br>组织健康指数；<br>安全工作场所</td></tr>
<tr><td>更加可靠</td><td>购买电力的可靠性；<br>多余负荷；<br>等效可用系数</td></tr>
<tr><td>财务状况</td><td>净现金流；<br>利息偿付率；<br>债务偿付率；<br>近三年平均债务偿付率</td></tr>
</table>

资料来源：根据《TVA2014 财政年度预算建议及管理议程》等有关资料整理而得。

与联邦政府机构不同，联邦政府公司集公共性和企业性于一身，兼具公共性与营利性。在其绩效考核中回避了单纯的经济指标，如利润指标、企业规模指标、投资指标等一般企业绩效评判标准，同时兼顾社会公共政策实现程度，将经济指标与公共政策指标共同纳入企业绩效评价指标体系之中。此外，联邦政府公司的特殊性还表现在个体差异上，几乎所有联邦政府公司的使命愿景、经营范围、经营条件、经营环境、法律约束等均有所不同。因此，联邦政府公司的绩效考核，在坚持《1993 年政府业绩与结果法》的一般性制度框架下，各联邦政府公司结合自身经营状况制定企业战略规划、年度业绩计划以及绩效考核目标体系。

# 第五章

# 联邦政府公司内部监管

企业内部监督，指的是企业内部监督机构对企业经营者行为的监察、监督及控制，使其能够按照企业最大化利益目标从事经营管理活动。作为企业内部专门负责对经营者行使监督职责的监督机构，其产生直接源于公司制条件下因所有权与经营权分离而产生的代理问题。在以个人业主制和合伙制为主要企业形态的商品经济时代，企业规模较小、企业组织结构简单，企业所有者也是企业经营者，企业所有者通常集所有权、经营权、控制权于一身，这种情况下企业的所有权与经营权高度融合、完全统一，利益目标保持一致，经营者的自我约束和监督机制能够自动发挥作用，不存在着对企业经营者进行监督约束的问题，因而也就没有衍生出专门负责监督企业经营者的监督机构。当企业组织形式发展到以公司制为主的阶段后，企业规模迅速扩大，企业股东数量不断增加，企业经营管理更加复杂，因此在企业内部逐渐形成以行使决策权为主的董事会、以行使经营管理权为主的经理层和以行使监督权为主的监事会这种三足鼎立的企业内部组织结构。在以私人企业为主的美国，并未建立一个独立的监督机构，对企业经营者的监督职责由董事会集中代为行使。但在美国联邦政府公司内部，却建立了一个独立于公司经营管理层的监察机构——监察长办公室，以负责对联邦政府公司经营活动的经济、效果、效率进行监督检察，监管称谓不同，但其职责与监事会一致。从这个角度上看，美国联邦政府公司内部监督机构由董事会和监察长办公室组成。因此，研究美国联邦政府公司内部监督体制，从行使内部监管职责的执行主体的角度出发，董事会和监察长办公室或许是一个最佳的切入点。

## 第一节　董事会治理

### 一、董事会治理机制

在世界范围内，大多数国家的经济组织都是在董事会的领导下进行管理运营的。在现代公司制度中，大多数公司均设立了董事会。从表面上看，公司董事会是在法律法规的强制性要求下被动设立的一个机构，是法律制度催生的产物。持这一看法的原因在于，公司设立董事会是基于《公司法》和有关上市公司监管条例的强制性规定。这种观点显然是不正确的。其一，董事会产生时间远远早于法律强制要求设立董事会的时间。早在 1606 年，英国成立的伦敦弗吉利亚公司，董事会雏形就已经显现，而在 1947 年英国《公司法》才出台，正式要求公司设立董事会。其二，当今世界，除企业之外的其他组织机构都设立了董事会，而国家并没有出台要求它们设立董事会的法律法规。其三，在市场经济国家中，如果设立董事会只是满足有关法律法规的要求，那么它就是一种只会增加企业成本的制度，将会浪费股东的财富，于是就会有减少或取消这一制度的游说活动，但迄今为止尚无这方面的经验证据（宁向东，2005）。

董事会的产生，在某种程度上，源于解决因公司所有权与经营权分离而产生的委托代理问题。公司所有权与经营权相分离是现代公司制企业的一个基本特征。现代公司制企业股权分散、规模庞大，单一股东无法直接参与公司经营管理，同时，股东又缺乏有效管理企业所必需的各种能力及知识，因而只能诉求于职业经理人并向其让渡公司经营权。在这种情况下，公司所有权与经营权在股东与经理之间实现了分离。股东与经理之间，由于目标函数的不一致性，使得经理在最大化个人效用函数的过程中容易滋生违背股东价值最大化的行为，甚至为追求个人利益最大化而牺牲股东利益。信息不对称的存在，股东与经理之间不能达成一份完备且有效的合同，从而使得处于信息占优的经理一方更容易产生机会主义倾向和败德行为，而股权分散情况下的小股东既无动力也无能力对经理进行有效监督，监督成本—收益的比较分析更加助长了小股东“搭便车”行为。在这种情况下，如何阻止经理不当行为，最大程度减轻代理成本并激励经理努力工作以最大化股东利益，成为董事会产生的根本推动力。正如柯林斯和波拉斯（Collins & Porras，2005）提出了一个有悖于传统观念的命题：“伟大公司无须伟大领袖，伟大的领袖反而不利于公司的长期发展；但是伟大公司一定要有一个伟大的治理团队，这就是一个独立而有效的董事会。”

所有权与经营权分离是国有企业董事会与私有企业董事会产生的共同必要前提，通过在公司内部形成一种有效的权力制衡机制，最大幅度地降低企业的委托代理成本。但二者之间也存在着一定的区别。一是在委托代理关系链中所处的位置不同。私有企业委托代理关系较为简单，董事会是股东的代理人，同时又是经理的委托人，处于委托代理关系链的中间位置。而国有企业委托代理关系复杂，表现为委托代理层次较多，至少有两层。在第一层次，国家或政府身兼委托人和代理人身份，既接受全体国民的委托并成为代理人，又作为委托人向国有企业委派其代理人（即董事会成员）；在第二层次，董事会既作为国家或政府的代理人，又是公司经理层的委托人。由此可以看出，国有企业董事会处于委托代理链中的较低端。二是体现在董事产生方式上。私有企业董事的任免权由股东大会行使，政府无权干涉；相反，国有企业的董事的任免权完全由政府掌控。三是在董事会成员结构上。私有企业董事会中，一般无政府雇员董事；而在国有企业董事会中，存在一定比例的政府官员董事。

## 二、联邦政府公司董事会治理

### （一）联邦政府公司董事会特征

1. 董事会规模。

董事会规模究竟多大才能够最大程度地发挥董事会的作用以最大化企业

利益，学术界并未得出一致的结论。目前的研究有两种截然不同的观点：一种观点认为董事会规模与企业绩效之间负相关，即董事会董事数量越多则企业经营绩效越差。利普顿和洛尔施（Lipton & Lorsch，1992）建议将董事会成员数量控制在7~8人。詹森（Jensen，1993）认为较小规模的董事会更有利于发挥监管职能，当董事会成员超过7~8人之后，更容易被CEO控制，董事会对CEO的监管作用也将大大削弱。另一种观点认为董事会规模与企业绩效之间正相关。程（Cheng，2008）认为董事会规模越大越能更好地发挥董事作用。

联邦政府公司董事会规模不尽相同，董事会成员人数3~15人不等。OPIC董事会人数最多，高达15名；PBGC董事会规模最小，仅有3名董事。其余的联邦政府公司董事会成员数量大多在7~11人之间。联邦政府公司董事会规模差距悬殊的原因，与各个公司的生产规模大小、业务复杂程度等客观因素无关，而在于各联邦政府公司特殊法中的具体规定不同。不过，联邦政府公司董事会规模并非一成不变，当国会认为有必要调整董事会规模时，将以立法的方式对其进行调整。总的变动趋势是，联邦政府公司董事会的规模呈扩大趋势。比如，UNICOR在成立之初有5名董事，1949年修正案将董事会人数扩至6人；2008年《客运铁路投资和改进法》将AMTRAK董事会成员由5人增加到9人；2004年《TVA法修正案》也将董事会人数由起初的3人扩充至9人。

2. 董事任职期限。

联邦政府公司董事任期可以分为确定型任期和不确定型任期两种形式，但以确定型任期为主。确定型任期的董事，任职期限一般为4~7年，任期交错排列。任职期满后可以重新被任命，但一般情况下连续任职不超过两届；对于任期未结束而出现的董事职务空缺，可以按法律规定任命新的继任者，但继任者的任职期限仅限于该董事剩余任期；对于任职期满的董事，在新的董事未上任或者尚未具备行使董事职务能力时，可以继续履行董事一职，但延长期限不能超过1年（具体延长期限并未统一，如EXIM董事任期延长规定期限是6个月）。导致不确定型任期的原因有两个方面：一是法律规定而形成的当然董事成员，一般情况下是法律规定的担任某一行政职务的政府官员，如 PBGC 的 3 名董事，当他们在财政部长、劳工部长、商务部长的职务离任或任职期满后，所兼任的董事任期也随之结束。二是法律对部分联邦政府公司董事任期未做具体规定，并将该项权力授予总统或有关部门负责人，如 UNICOR 董事任期由总统决定，OPIC 的 7 名联邦政府官员董事任期由总统任命并经国会批准。不过，所有联邦政府公司董事任期都应按各联邦政府公司特殊法的具体规定执行。

3. 董事会成员构成。

董事成员结构包括两个方面，即党派结构和来源结构。为平衡共和党与民主党的势力，防止联邦政府公司被某一政党所控制，联邦政府公司特殊法对董事会中来自同一政党的人数给予了一个具体的上限限制，即不超过董事总人数半数。此外，为了实现联邦政府公司既定的公共政策意图目标，确保董事会在战略决策以及有关重大问题的决议不被少数人操控，各联邦政府公司特殊法要求董事会来源应具有广泛性，应由包括政府官员、相关行业企业、专业人士以及消费者等相关利益者的代表组成（见表 5－1）。同时，董事会成员结构中，以外部董事为主，执行董事数量不超过 2 名，部分企业董事会全部由外部董事组成，如 FDIC、PBGC、TVA、UNIOR 等，所有联邦政府公司董事会中无职工董事。对 AMTRAK 等 8 家联邦政府公司董事会数据进行分析后发现，外部董事人数平均值在 7～8 人，但每家企业外部董事的具体人数差异很大；执行董事人数分布较为集中，其中 4 家企业执行董事人数为 0，其余企业中各有 2 家企业的执行董事人数分别为 1 人和 2 人。

**表 5－1　部分美国联邦政府公司特殊法对各个公司董事会成员来源构成的法律规定**

| 公司 | 董事会规模 | 董事会结构（个数） | | | 董事来源 |
|---|---|---|---|---|---|
| | | 外部董事 | 执行董事 | 职工董事 | |
| AMTRAK | 9 | 8 | 1 | 0 | 运输部长，总裁，其余 7 人（拥有一般商业与财务经验，拥有运输资质、经验，客货运承运人，铁路运输雇员或消费者代表，地方政府代表等） |

续表

| 公司 | 董事会规模 | 董事会结构（个数） | | | 董事来源 |
|---|---|---|---|---|---|
| | | 外部董事 | 执行董事 | 职工董事 | |
| EXIM | 5 | 3 | 2 | 0 | 总裁，副总裁，对于董事具体来源未作法律规定，但明确要求来自同一政党的董事人数不能超过3人 |
| FDIC | 5 | 5 | 0 | 0 | 货币监理署署长，消费者金融保护局局长，另外3人必须是美国合法居民且具有银行监管经验 |
| OPIC | 15 | 14 | 1 | 0 | 总裁，国际开发总署署长，美国商务代表，以及分别来自劳工部、商务部、财政部、国务院的高级官员，至少2名应拥有小企业工作经验，劳工组织代表、合作机构各1名 |
| PBGC | 3 | 3 | 0 | 0 | 劳工部长（董事长）、财政部长、商务部长 |
| TVA | 9 | 9 | 0 | 0 | 9名董事中至少有7名来自TVA服务区域内合法居民，应拥有大型营利或非营利组织、政府、学术机构管理经验 |
| UNICOR | 6 | 6 | 0 | 0 | 分别由工业、劳工、农业、零售商和消费者、国防部长、司法部长的代表组成 |
| USPS | 11 | 9 | 2 | 0 | 邮政总长，副邮政总长，董事选拔仅依据于在公共服务领域工作经验，以及在大型组织工作所展示的法律与会计知识；至少4人有在雇员超过5万人的组织机构中任职经验 |
| 平均值 | 7. 875 | 7. 125 | 0. 75 | 0 | — |
| 中位数 | 7. 5 | 7 | 0. 5 | 0 | — |
| 众数 | 9 | 3 | 0 | 0 | — |

资料来源：根据AMTRAK、TVA、USPS等联邦政府公司特殊法及年报等资料整理而得。

4. 董事会组织结构。

董事会组织结构指的是董事会内部组成部门，即专门委员会。一般而言，大多数联邦政府公司特殊法对各个公司董事会的组织结构设置并没有提出具体要求，一般由各个公司董事会根据公司章程自行设立。不过，联邦政府公司特殊法对个别公司董事会的专门委员会设置提出了具体要求，如TVA董事会。《TVA法》要求TVA董事会必须设置一个独立于公司管理层的法定委员会——审计委员会，并授权其有权根据需要设置若干专门委员会。通常情况下，联邦政府公司董事会专门委员会主要以自行设置为主（见表5-2）。

**表5-2　　联邦政府公司董事会专门委员设置情况（以AMTRAK、TVA、USPS为例）**

| 公司 | 法定委员会 | 常设委员会（自行设立） |
| --- | --- | --- |
| AMTRAK | 无 | 审计与财务委员会；保卫、安全与环境事务委员会；政府事务、法务及公司事务委员会 |
| TVA | 审计、风险与监管委员会 | 对外关系委员会；财务、价格与资源整合委员会；原子能监管委员会；人力绩效委员会 |
| USPS | 无 | 审计与财务委员会；薪酬与资源管理委员会 |

资料来源：根据AMTRAK、TVA、USPS特殊法及年报等资料整理而得。

### （二）联邦政府公司董事会治理

董事会处于联邦政府公司的公司治理结构的中心环节，是联邦政府公司重要决策的权力中心。由于每个联邦政府公司在成立背景、行业特征以及经营业务等方面有着各自的特点，致使各个公司董事会在规模、董事任期等方面存在着差异。不过，对于所有的联邦政府公司，都在联邦政府公司特殊法的明确要求下建立了董事会。董事会与经理层权责边界明晰，董事会负责制定公司重大决策权，经理层执行董事会决议并负责公司日常经营管理，经理层由董事会选聘并接受董事会监督。

联邦政府公司董事会治理有三个基本特点。

一是董事会与经理层职责界限明确。一般地，董事会负责联邦政府公司战略决策，选拔、任命、考核经理层；而经理层的职责主要是确保董事会的有关决策能够实现。董事会与经理层的职责分工体现在各联邦政府公司特殊法的有关条款中，以《TVA法》做具体说明。《TVA法》第二节中的有关条款规定董事会享有以下权力：（1）确立公司发展目标、经营政策；（2）制定公司长期发展战略规划，以指导公司达到既定目标；（3）确保这些目标及政策能够顺利实现；（4）批准公司年度经营预算；（5）采用并向国会提交利益冲突政策（conflict-of-interest policy）；（6）制订首席执行官和重要管理岗位和技术岗位雇员的薪酬计划；（7）设立一个完全独立于公司管理层的审计委员会；（8）董事会根据需要可自行设置其他专门委员会；（9）对于一些重大事件组织实施召开听证会；（10）制定公司电价；（11）与外部独立审计机构签署审计服务合同；（12）任命公司首席执行官，其任期也由董事会决定。对于TVA首席执行官的权力，《TVA法》也进行了明确的法律规定：（1）确保董事会制定的目标能够实现；（2）首席执行官在征求董事会意见并获得其同意后，有权任命公司经理、副经理、管理人员、律师以及其他雇员；（3）对于那些薪酬低于美国法典第5章第5313节中所规定的四级行政级别的TVA雇员，其薪酬由首席执行官制定，而高于该标准的雇员薪酬，首席执行官享有建议权，但批准权由董事会掌握。通过对TVA董事会与经理层职责分工的分析，可以看出，联邦政府公司特殊法对二者的权力界限十分明确，从而能够有效避免因权限界定模糊而引起的管理混乱。

二是从法律的高度规定了智囊团的咨询建议权。除TVA、AMTRAK等外，部分联邦政府公司按照法律规定，相应设置了顾问委员会。设置顾问委员会的主要目的在于，为公司董事会的战略决策提供有关咨询与建议，促使联邦政府公司的使命、愿景能够如期实现。顾问委员会的一个重要特征是其来源具有较强的广泛性，即由与联邦政府公司存在直接或间接关系的利益相关者代表组成，这样做的目的在于保证顾问委员会所提出的建议尽可能地客观与公正，同时也是平衡各方力量的一个重要手段。在各联邦政府公司特殊法中，对顾问委员会委员的来源问题也进行了相应规定（见表5－3）。

**表5－3　　　　联邦政府公司顾问委员会委员来源及其职责**

| 公司 | 规模 | 委员来源 | 职责 |
|---|---|---|---|
| CCC | 5人 | 具备农业、商业经验，同一政党不能超过3名 | 调查公司商品购买、储存及销售政策，贷款、价格支持计划，向农业部长提供相关建议 |
| EXIM | 17人 | 代表环境、生产、商业、金融、农业、劳工、服务业、纺织业等利益。其中：中小企业团体代表不少于3人，劳工组织代表不低于2人，环境及非政府组织代表不低于2人 | 对公司项目提供建议；考虑促进银行为纺织业进行融资的方法，以增强对美国纺织品行业的支持力度 |

续表

| 公司 | 规模 | 委员来源 | 职责 |
| --- | --- | --- | --- |
| PBGC | 7 人 | 2 人代表员工组织利益，2 人代表参与养老金计划雇主的利益，另外 3 人代表一般公众利益 | 对公司下列政策及程序提供建议：指定终止程序受托人，货币投资，计划终止时是否立即清算还是继续由受托人经营，以及其他事宜 |
| USPS | 13 人 | 除邮政总长、副邮政总长之外，其余 11 名来自：4 名能够代表邮政服务进行集体谈判的劳工组织代表，4 名主要邮件使用者代表，3 名公众代表 | 向公司提供有关邮政经营方面的建议 |

资料来源：根据各联邦政府公司特殊法整理而得。

三是注重专业委员会制度建设。联邦政府公司董事会下设的专业委员，按照设立依据，可以划分为法定专业委员会和非法定专业委员会。法定专业委员的名称、成员组成、职责权限等问题由各联邦政府公司特殊法规定，董事会必须依法设置。非法定专业委员会由各联邦政府公司依靠公司章程和实际需要自行设定，国会、总统无权加以干涉。由于每个联邦政府公司的特殊性，其专业委员会的设立情况也不一样，本书以 TVA 为例进行说明。按照《TVA 法》的要求，TVA 董事会设立了审计、风险与监管委员会，该委员会成员全部由董事组成，并完全独立于公司经理层。同时，《TVA 法》规定了审计、风险与监管委员会的三项法定职责：一是与监察长进行磋商，向董事会建议外部审计师人选；二是接收并审核外部审计师审计、监察长有关审计报告；三是向公司董事会提出相关建议。审计、风险与监管委员会委员至少三名，委员会主席由公司董事长指定。此外，根据《TVA 法》的授权，TVA 董事会根据需要设立若干委员会的法律规定，TVA 董事会设立了四个常设委员会，并对其职责进行规定（见表 5 - 4）。

**表 5 - 4　　TVA 董事会法定委员及常设委员会主要职责**

| 专门委员会名称 | 职能性质 | 涉及主题 |
| --- | --- | --- |
| 审计、风险与监管委员会 | 监督、管制 | 公司年度审计；公司季度及其他财务活动；公司风险识别及控制政策；电力批发商；其他事宜 |

续表

| 专门委员会名称 | 职能性质 | 涉及主题 |
| --- | --- | --- |
| 对外关系委员会 | 建议 | 外部关系；环境保护；技术开发、资源再利用、能源利用效率等 |
| 财务、价格与资组合合委员会 | 建议 | 财务问题，如财务管理，财务计划、财务预算；电价问题；发电及输电资源组合；等等 |
| 原子能监管委员会 | 监管 | 核能安全、运营、长期规划等 |
| 人力绩效委员会 | 建议 | TVA 经营绩效；CEO 接任计划；CEO 及 TVA 领导层的目标、薪酬及绩效考核；TVA 一般性补偿、激励及福利计划 |

资料来源：根据 TVA 相关资料整理而得。

### 三、董事会治理小结

总体而言，董事会治理模式是联邦政府公司的共同特征之一，联邦政府公司特殊法明确了董事会在公司治理体系中的核心地位和功能职责，对董事的任命、任期、来源等诸多细节问题以法律条款的形式固定下来，提高了董事会的治理效率和监督效果。在董事会治理模式下，委托代理关系、任务明确，董事会与经理层的职责权限界定清楚，董事会是公司的战略规划与重大决策制定中心，经理层贯彻董事会战略方针、执行董事会决定。联邦政府公司董事会以各公司特殊法为依据单独设立，董事会规模、成员结构及其组织架构、董事来源与任期等均有很大不同，充分体现了联邦政府公司的特殊性。

## 第二节　监察长办公室对联邦政府公司的监督

### 一、监察长制度的产业与发展

#### （一）监察长制度产生背景

美国建国以来长达 200 年的时间里，美国联邦政府机构各部门并未建立一种内部监督制度，以对联邦政府机构的合规性、效率、效果进行审查、评价和监督。20 世纪六七十年代，时任众议院政府行动小组委员会主席方丹（L. H. Fountain）及其领导的小组委员会通过一系列案件调查，提出建立监察长制度，以加强联邦政府机构内部监督，提高联邦政府机构运营效率、效果，并遏制腐败、防止欺骗和浪费行为的发生。

方丹小组委员会在20 世纪60 年代初调查了一位得克萨斯州名叫比利·索尔·埃斯蒂斯（Billie Sol Estes）的骗子时发现，联邦政府有关机构对埃斯蒂斯进行了长达10 年的调查依旧一无进展。究其原因，在于调查机构之间及其各部门内部之间缺乏有效沟通和协调，各机构、各部门独自进行调查取证活动，使得埃斯蒂斯能够逍遥法外，直到1962 年由报纸揭露为止。方丹小组委员进一步调查发现，美国农业部的审计与调查活动由一些相互独立、缺乏协调的部门负责实施，并且审计、调查结果须直接向那些正在接受审查的项目负责官员进行报告。方丹小组委员揭露了农业部审计与调查活动组织性和程序性的漏洞，导致了时任农业部长奥维尔·弗里曼（Orville Freeman）重组审计与调查职责，将其职能统一整合至一个非法定监察长，并由该监察长直接向部长汇报。1974 年，时任农业部长厄尔·巴茨（Earl Butz）宣布废除非法定监察长办公室，并明确地阐述要依法建立监察长办公室的必要性。

在农业部监察长办公室废除之后不久，方丹小组委员会对卫生、教育和福利部采取的阻止侦查欺骗及经营项目滥用行为进行全面审查。当时卫生、教育和福利部机构十分庞大，拥有雇员超过12. 9 万名，负责项目超过300个，涉及的总支出占联邦年度预算总额的1/3，高达1180 亿美元。尽管卫生、教育和福利部经费支出如此浩大，但调查资源严重不足，同时，大量案件未被调查，而且所调查的案件大量长期积压。不仅如此，调查部门无权独立立案调查，必须在征得部长或者副部长的明确授权后才能进行。其他的一些负责促进节约、提高效率、反对欺骗和浪费行为的部门，因缺乏统一领导分散于各个部门之中，导致内部审查和监督成为摆设，未能起到监督监察效果。以医疗保险和医疗援助补助计划中的两个独立的旨在调查欺骗和滥用行为的部门为例，尽管一些医疗服务供应者在两个计划中均存在着欺骗行为，卫生、教育和福利部部门规章阻止一个调查部门向另外一个部门透漏有关信息，比如调查对象是谁，以及在调查中所发现的一些问题。既浪费内部审查监督资源，而且监督监察效率、效果大打折扣。

通过深入调查，1976 年 1 月，众议院政府行动委员会发布了方丹小组委员会关于卫生、教育和福利部调查情况的报告。随后，在民主党和共和党的积极支持下，方丹小组委员会负责立法以在卫生、教育和福利部建立法定监察长办公室。卫生、教育和福利部监察长办公室权力及职责，与随后以《1978 监察长法》（Inspector General Act of 1978）建立的监察长办公室基本相同。

1977 年，方丹小组委员会举行了一系列听证会，以确定是否有必要在其他机构设立法定监察长办公室。听证会的结果表明，事实上在接受检查的每一家联邦政府机构，均存在着重大问题及诸多缺陷。主要的问题包括以下几个方面：一是缺乏独立性。审计和调查部门受到正在接受调查项目的负责人控制，并且审计、调查结构须直接向该负责人报告。二是组织混乱。缺乏一个统一的中央办公室对审计和调查活动进行总体负责，相反，各部门独自向其主管官员进行报告，而且报告内容、形式具有很大的随意性。三是资源匮乏。审计周期长达 20 年之久，许多活动从未进行审计。一个部门通常仅有 6 名经过训练的刑事调查员，每年调查的支出金额达 250 亿美元。四是缺乏协调性。由于部门之间缺乏沟通、协调，使得许多部门同时对同一个事件进行审查。此外，缺乏一名独立的官员拥有必要的信息和权力来有效处理协调事宜。五是信息匮乏。促进节约、提高效率、打击欺骗、浪费及滥用行为所必要的基本信息往往无法获得。当一些不利的信息浮出水面时，并不能确保这些信息能够传递到机构负责人或者国会那里。六是刑事案件的不当处理。在一些机构里，调查员须将犯罪证据呈交给机构总顾问委员会办公室，而不是将其直接提供给司法部。因此，一些潜在的违法案件在送交至司法部之前通常被搁置数月甚至好几年，部分案件证据从未送至司法部。

《1978 监察长法》起初遭到了管理及预算办公室和 12 个受到影响的机构部门的反对。同时，司法部法律顾问办公室也持反对意见，声称该法案许多条款违反宪法。来自部分机构的证人也警告说，该法一旦通过将会带来一系列严重的不利后果。然而，他们的论据受到了卫生、教育和福利部部长约瑟夫·卡利法诺（Joseph Califano）和监察长托马斯·莫里斯（Thomas Morris）的有力驳斥，卡利法诺和莫里斯证明他们从未遇到那些所谓的上述问题。同时，司法部犯罪司的助理总检察长本杰明·希弗莱蒂（Benjamin Civiletti）也给予了积极肯定的支持。在两党强有力的支持下，《1978 监察长法》在众议院以 388 对 6 的投票结果获得通过，随后在参议院投票中无一票反对的情况下获得批准，最终于 1978 年 10 月 12 日由时任总统卡特签署生效。

《1978 监察长法》包含了大量具体条款，以纠正针对方丹小组委员会调查结果反映出来的问题及缺陷。（1）为增强独立性，该法规定：监察长由总统任命，机构负责人无权免除监察长。同时，该法赋予监察长挑选并雇用员工的权力，而且有权根据自己的判断认为如有必要便可进行调查并公布结果。此外，该法明确禁止机构员工妨碍其审计和调查活动。（2）为增强客观公正性，该法规定监察长任命应抛弃政治背景的影响，禁止将项目经营责任转移至监察长。（3）为解决组织混乱问题，该法整合现有的审计和调查部门，并将其职责统一至新成立的监察长办公室，同时，明确由监察长领导并协调审计、调查及评价过程中的问题。（4）为了获取必要信息，该法要求监察长确保机构负责人和国会通过定期报告或者其他方式，及时、充分了解诸如滥用、缺陷以及纠正行动进展等信息。此外，该法赋予监察长享有签发传票等较强的独立性权威以获取必要信息。（5）该法允许监察长对涉嫌违反联邦刑法的犯罪嫌疑人直接通知总检察长，因而消除了官员阻止或延迟提供此类信息的能力。在监察长向司法部提供涉嫌犯罪信息后，监察长并未要求暂停其调查活动。（6）该法案还要求，机构负责人必须向监察长提供足够的办公空间以及必要的设备、办公用品以及维修服务。①

### （二）监察长制度的发展

1981 年，里根总统签署 1230 号行政命令，在总统任命的监察长办公室

---

① 关于联邦政府公司监察制度，主要参考《监察长法》、各联邦政府公司监察长办公室半年年报以及监察长办公室网站相关资料。

内部设立总统诚实与效率委员会（the President's council on Integrity and Efficiency）。《1988 监察长法》进行修订，在指定的联邦机构新设立 30 家监察长办公室。这些指定的联邦机构监察长办公室规模较小，但其拥有的权力及其职责与总统任命的监察长之间无实质性的差异，只不过是监察长的任命和辞退的权力由该机构的法定代表人来行使。1990 年，为了改善联邦政府财务管理水平，美国国会通过《首席财务官法》（the Chief Financial Officers Act），以指导监察长审计联邦机构年度财务报表。2002 年，为加强联邦政府信息技术安全，美国国会通过《联邦信息安全管理法》（Federal Information Security Management Act），要求监察长在其各自机构对计划与实践的信息安全情况进行年度评价。《2008 监察长改革法》（Inspector General Reform Act of 2008）对《1978 监察长法》进行修订，主要内容是提高监察长薪酬标准，并赋予监察长更多的权力。

## 二、联邦政府公司监察长办公室的设立

《1978 监察长法》要求在农业部、商务部、住房与城市发展部、内政部、劳工部、运输部、社区管理局、环境保护局、总务管理局、国家航空航天局、小企业管理局以及退伍军人管理局共 12 家联邦机构（federal agency）设立监察长办公室（Office of Inspector General）。《1988 监察长法》要求在 30 家指定联邦实体（designated federal entity）设立监察长。截至 2013 年底，在美国一共设立了 73 家监察长办公室。

对于大多数联邦政府公司，如 FCIC、UNICOR 等，并没有设立独立的监察长办公室，相应的监察职能由上级联邦机构监察长办公室行使，即司法部监察长办公室和农业部监察长办公室。AMTRAK、EXIM、FDIC、PBGC、TVA 和 USPS 6 家联邦政府公司，均各自在企业内部设立了监察长办公室。不过，这 6 家联邦政府公司监察长办公室的成立时间相对较晚，均未出现在《1978 监察长法》要求建立监察长办公室的首批联邦机构名单中。按照《2008 监察长法》的规定，EXIM、FDIC 和 TVA 为联邦机构，AMTRAK、PBGC 和 USPS 被划归为指定联邦实体。AMTRAK、PBGC 和 USPS 3 家指定联邦

实体，因《1988 监察长法》对其监察长办公室成立时间有着明确的规定（该法案实施之日，即 1988 年 10 月 18 日起 180 天内），因而其监察长办公室成立的时间相对比较集中。另外 3 家联邦政府公司，EXIM、FDIC 和 TVA，其联邦机构监察长办公室的成立时间因无具体的法律要求，致使 3 家公司监察长办公室的设立进展差异较大。最早设立监察长办公室的是 TVA，1985 年由公司董事会自行设立，根据《1988 监察长法》转型为法定机构，并按照美国公法第 106－422 条的规定，于 1988 年将监察长的任命权由董事会移交至美国总统。紧随其后，FDIC 于 1989 年 4 月设立监察长办公室。成立最晚的是 EXIM，监察长办公室成立于 2002 年，正式运营却在 2007 年 8 月。

## 三、联邦政府公司监察长办公室的使命及组织结构

联邦政府公司监察长办公室是设置在联邦政府公司内部的一个法定独立监察监督机构，在形式上隶属于联邦政府公司董事会，但独立性极强，其法定审计、调查、评估职能不受所在联邦政府公司董事会及管理层的干预。联邦政府公司监察长的法定使命是：一是对所在联邦政府公司开展独立、客观的审计、调查及评估；二是制止、调查联邦政府公司的浪费、欺骗及滥用行为；三是增强联邦政府公司经营管理活动的经济、效果及效率；四是为国会、联邦政府公司董事会提供一条便捷的信息通道，使其能够充分、实时了解联邦政府公司经营活动及管理方案中存在的问题、缺陷，以及采取纠正行动的必要性及其进展。

一般而言，监察长办公室设置在董事会之下，但又完全独立于董事会。监察长办公室负责人为监察长，并配备 1 名副监察长和若干名助理监察长。监察长办公室主要有四个职能部门，即审计部门、调查部门、评估部门和法务部门，分别在助理监察长和法律顾问的领导下进行工作。《监察长法》对监察长办公室的组织架构并未做具体规定，各个联邦政府公司在监察长办公室的组织结构设置上存在着差异。在独立设置监察长办公室的 6 家联邦政府公司中，TVA 监察长办公室成立时间最早，组织结构最为完善（见图 5－1）。

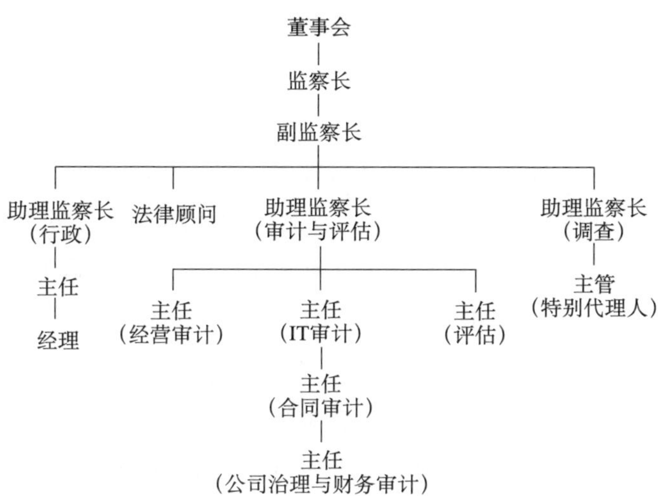


**图5－1　TVA监察长办公室组织结构**

## 四、监察长办公室对联邦政府公司的监督机制

联邦政府公司监察长办公室从形式上看设置在联邦政府公司内部，实质上具有较强的独立性，并拥有法律授予的执行监督审查活动所需要的必要权力，监察长办公室组成人员也必须具备相应审计、调查、评价专业知识以保证履职所需要的必备知识和技能，还必须适应技术变革和业务发展进行职业培训。当然，监察长办公室履行相应监督监察职责要在统一的法律法规指导下进行。此外，为提高监察长办公室监察效果，包括联邦政府公司在内的各联邦政府机构监察长办公室之间进行同行评审。

### （一）高度的独立性

联邦政府公司监察长办公室是内设于公司董事会的一个独立的监督部门，不受外界干扰、独立行使监督监察职能至关重要，直接关系到监督监察的效率和效果。联邦政府公司监察长办公室的独立性主要表现在人事独立、财务独立、业务独立三个方面。

人事独立首先体现在监察长的任免问题上。《监察长法》对监察长的任命有着具体要求：对于联邦机构监察长，由总统任命，但须征求参议院意见并获得其同意；对于指定联邦实体监察长，由所在机构（或部门）负责人任命。不管是联邦机构监察长，还是指定联邦实体监察长，对其任命与政治派别无关，仅仅依据候选人品质及所拥有的专业技能，如会计、审计、法律、调查、财务分析、管理分析以及公共管理等职业水准，综合考虑，择优选拔。《监察长法》对监察长的免职也有具体规定，即联邦机构监察长由总统免职，指定联邦实体监察长由所在机构负责人免职；同时还规定总统或机构负责人在正式免职监察长至少30日之前，必须以书面的形式向国会众议院解释其免职或调任原因。尽管AMTRAK、PBGC、USPS监察长分别由董事会任免，但却完全独立于联邦政府公司经理层，而监察长办公室的监督对象就是联邦政府公司经营管理层。从这个意义上讲，这3家联邦政府公司监察长独立于所在公司。至于其他的联邦政府公司监察长，因监察长直接由总统任命而与所在联邦政府公司不存在经济利益关系，这种独立性表现得更为彻底。人事独立性的另外一个制度保障体现在监察长的任职期限上。除USPS监察长每届任期为7年外，其余联邦政府公司监察长任期没有具体时间限制，较长的任期能够有效保证独立性，使其业务活动免遭所在公司的干扰，还能够增强监察长业务的连续性与稳定性。人事独立性的第三个保障条件是监察长办公室团队的独立性，监察长办公室的助理监察长、审计员、调查员等所有人员由监察长挑选、任命，而且监察长在行使审计、调查及评估职能时主要以监察长办公室成员为主。

财务独立性表现在联邦政府公司监察长及其办公室人员薪酬、活动经费等由联邦财政承担。每一财政年度，联邦政府公司监察长向所在公司董事会提交预算请求报告，按照法定预算、拨款程序实施。为充分保证监察长办公室财务上的独立性，并为其有效履行法定职责提供财务支持，每一联邦政府公司监察长办公室均有一个单独预算账户，进一步保证了财务的独立与安全，有效避免监督资金挪作他用。就所掌握的数据资料看，目前USPS监察长办公室的经费支出规模最大，最小的为EXIM（见表5－5）。

**表 5－5　　部分美国联邦政府公司监察长经费支出及预算情况**　　单位：百万美元

| 公司名称 | 2012 财年实际支出金额 | 2013 财年持续决议案授权金额 | 2014 财年预算估计 |
|---|---|---|---|
| AMTRAK | 20 | 21 | 25 |
| EXIM | 3 | 4 | 5 |
| FDIC | 29 | 45 | 35 |
| USPS | 241 | 242 | 242 |

资料来源：根据《预算与管理办公室 2014 财政年度预算》整理而得。

业务独立性。从联邦政府公司组织结构的角度看，监察长办公室名义上是设置在董事会之下的一个联邦政府公司内部机构，同时接受董事会的领导和监督，但监察长办公室的业务是具有独立性，这种独立性在《监察长法》的强制性规定下得到进一步增强。《1978 监察长法》第 3 条（a）节规定，“机构负责人，或者是职位低于机构负责人的官员，无权妨碍、阻止监察长发起、实施、完成任何审计或调查活动，也不能妨碍、阻止在任何审计和调查活动中签发任何传票”。由此可以看出，联邦政府公司董事会、经理层无权干预监察长办公室的业务活动。

（二）必要的法定权力

监察长是联邦政府公司实施内部监督的主体，在对联邦政府公司内部涉嫌欺骗、浪费、滥用等违法违规行为进行审计、调查等活动过程中，必然会受到各种形式的干扰和抵抗，最终将影响监督的效率及效果。监督者与被监督者之间的信息不对称，信息占优的一方（被监督者）利用这一优势设法掩盖其违法违规行为，对监督者实施监督行为造成重大阻碍。为保证监察长独立、高效地履行监督职责，《监察长法》赋予了监察长极大的监督权限。监察长的主要法定权力有：（1）监察长有权按照法律规定，获取所有与项目和经营活动有关的记录、报告、账目、文件等信息；（2）监察长有权自行决定对所在联邦政府公司项目管理及运营情况进行调查，并向联邦政府公司董事会、国会进行报告；（3）监察长有权要求联邦、州、地方政府机构以及其他单位提供有关信息或援助，以协助其执行《监察长法》规定的职责；（4）监察长在履行《监察长法》赋予的职责时，有权以传票的方式获取任何形式的文件、信息资料，对于拒不服从的情形，监察长可以提请美国地区法院要求强制执行；（5）按照《监察长法》的有关规定，监察长有权在必要时随时直接与联邦政府公司董事会进行联系；（6）按照美国法律要求规定，有权挑选、任命、雇佣官员及雇员，并按照法律规定支付薪水，监察长办公室经费支出以拨款法的形式由联邦财政支付；（7）联邦政府公司董事长在收到监察长发出的信息及援助请求时，有义务在不违反任何法律约束或联邦机构管制规定的情形下，向监察长或其法定代理人提供此类信息或相关援助，当监察长在向该机构获取有关信息或者要求提供信息、援助受阻时，可将情况立即向所在公司董事会汇报；（8）联邦政府公司董事会应在其总部办公区为监察长办公室提供一个适当、充足的办公场所，向监察长办公室配备必要的设备、办公用品、通信设施等，并且负责监察长办公室设施及服务的维护工作；（9）除另有法律规定的情形除外，每一位监察长、任何隶属于该监察长履行调查职责的助理监察长以及受助理监察长监督的任何特别代理人（special agent），在获得司法部长明确授权或者遵照《监察长法》及其他法律的授权履行公务时，可以佩带武器，也可以在没有拘捕令的情况下直接逮捕嫌疑人。

### （三）高素质的监察队伍

应聘者要加入联邦政府公司监察长办公室，必须具备一定的知识、职业技能。监察长办公室雇员的任职条件并没有具体的法律规定，基本的任职条件是能够胜任岗位职责。就审计员和调查员来讲，《一般公认审计准则》和《调查质量准则》（Quality Standards for Investigations）分别对审计员和调查员任职条件给出了一般性规定（见表5－6）。

**表5－6　监察长办公室审计员与调查员任职条件规定**

| 岗位 | 技能类型 | 具体要求 |
| --- | --- | --- |
| 审计员 | 技术知识 | （1）适应工作需要的教育背景；（2）较强的口头与书面沟通能力；（3）与工作需要相适应的技能，如：如果涉及抽样，应具有统计或非统计抽样技能；（4）如果涉及信息系统检查，应具有信息技术知识；（5）如果涉及负责的工程资料，应具备工程技术知识；（6）如果涉及诸如科技、医疗、环境、教育及其他专业领域，应具备相应的专业技能 |

续表

| 岗位 | 技能类型 | 具体要求 |
|---|---|---|
| 审计员 | 财务审计 | （1）通晓美国《一般公认会计准则》；（2）通晓现行的财务报告框架；（3）通晓美国公共注册会计师协会（AICPA）《报表审计准则（SAS）》；（4）执业注册会计师，或在某些有多个注册系统的州注册的执业会计师 |
|  | 鉴证业务 | （1）通晓 AICPA 与标准有关的一般鉴证准则；（2）通晓 AICPA 现场工作及报告鉴证准则；（3）通晓 AICPA 鉴证业务报表准则；（4）为执业注册会计师，或在某些有多个注册系统的州注册的执业会计师 |
| 调查员 | 教育背景 | 在获得认可学院获得为期四年的学位 |
|  | 从业经历 | 适当的调查作业经历 |
|  | 个性特征 | （1）无不良记录；（2）诚信正直 |
|  | 体能条件 | 刑事调查员对体能的要求较为严格 |
|  | 年龄要求 | 符合监察长办公室规定的年龄区间范围 |
|  | 知识技能 | （1）了解调查活动的理论、准则、实务、技术知识；（2）了解有关政府组织、项目、活动、职责等方面的知识；（3）了解有关法律、制度及规定，如美国宪法、美国刑法典、联邦证据法、联邦刑事诉讼程序规则，以及其他相关的法令，如隐私法、自由信息法以及告密者保护法案，等等；（4）收集、整理、分析犯罪行为、证据及有关资料，并善于进行合理推断；（5）具备口述或撰写调查报告的能力；具备安全、有效地实施法律赋予的执法权力，如随身携带武器、执行搜查令、使用传票、进行逮捕，等等；（6）调查技能要求，如从社会获取有价值的信息，分析、理解证明文件，使用电脑器材、软件，撰写清晰、完整、准确、真实的调查报告，规范使用获得授权的特殊调查工具，等等 |
|  | 调查培训 | （1）行使执法权的调查员，须按要求完成基本培训课程，如联邦执法培训中心开设的刑事调查员培训课程；（2）调查员须完成 CIGIE 监察长刑事调查学院开设的刑事调查员培训课程；（3）监察长办公室必须对刑事调查员进行周期性培训；（4）专题培训课程，如最新的有关法律法规、政策程序等 |
|  | 持枪资格 | （1）监察长办公室刑事调查员应具备持枪资格；（2）应按照司法部长指南或者其他权威指南，对所有刑事调查员定期接受持枪培训并确保其具备持枪资格 |

资料来源：根据《监察长法》《一般公认政府审计准则》《调查质量准则》等有关资料整理而得。

### （四）完善的职业培训体系

《2008 监察长法》赋予监察长诚信与效率委员会（Council of the Inspectors General on Integrityand Efficiency）（以下简称为“CIGIE”）一项法定职责，其中第 11 节（c）款规定，“CIGIE 根据需要，至少要设立一家培训机构，用于对监察长办公室审计员、调查员、检查员、评估员以及其他人员进行职业培训”。审计、检查及评估学院（Audit，Inspection & Academy）（以下简称为“AI & E”）和监察长刑事调查学院（Inspector General Criminal Investigator Academy）（以下简称为“IGCIA”）是两家主要的职业培训机构，分别负责对审计员、调查员及评估员和调查员的培训任务。每一财政年度，AI & E 与 IGCIA 均制定下一个财政年度的培训任务，AI & E 将进行 8 项培训课程（见表 5 –7）。

**表 5 –7　　2014 财政年度审计、检查与评估学院培训主要培训项目**

| 课程名称 | 培训期限 | 培训对象 | 培训内容 |
| --- | --- | --- | --- |
| 同行审计审查 | 1 日 | 参与同行评议的审计员 | 同行审计审查指南 |
| 写作辅导 | 2.5 日 | 审计员、检查员、评估师 | 报告写作 |
| 检查、评估同行审查 | 1 日 | 参与同行审查的调查员、评估师 | 同行审查过程 |
| 监察长权力 | 1 日 | 审计员、检查员、评估师、律师、使命支持人员 | 监察长办公室法定权力及自由裁量权 |
| 审计员入门知识 | 7 日 | 新入职审计员 | 《一般公认政府审计准则（2011 修订版）》介绍 |
| 审计、检查或评估标准 | 1 日 | 使命支持人员 | 《一般公认政府审计准则（2011 修订版）》《调查质量准则（2011）》介绍 |
| 报告写作 | 2 日 | 中级审计员、检查员、评估师 | 写作方法 |
| 写作基础 | 2 日 | 初级审计员、检查员、评估师 | 基本写作知识 |

资料来源：作者自行整理。

1994 年 2 月，根据联邦执法培训中心与总统廉政与效率委员会达成的谅解备忘录，正式成立了 IGCIA。IGCIA 的主要职责是对监察长办公室调查员及其涉及监察长调查活动的有关人员进行培训，以提高监察长办公室有效实施调查业务的能力。根据《2013 财政年度培训课程目录》，IGCIA 培训课程共有 3 大项：基本培训、专项培训、高级培训。基本培训项目有三小项：非刑事调查员基本培训项目（basIG non-criminal investigator training program，BNCITP）、监察长调查员培训项目（IG investigator training program，IG-ITP）、监察长转型培训项目（IG transitional training program，IG-TTP）。专项培训项目也有三小项：热线接线员培训项目（hotline operator training program，

HOTP)、定期进修培训项目（periodic refresher training program，PRTP)、秘密调查培训项目（undercover investigations training program，UITP)。高级培训项目有两小项：高级监察长调查员问询项目（advanced interviewing for IG investigators，AIIGI)、公共腐败调查培训项目（public corruption investigations training program，PCITP)。IGCIA 培训内容如表 5 –8 所示。

**表 5 –8　2013 财政年度 IGCIA 培训课程情况**

| 培训课程 | | 期限 | 培训对象 | 培训内容 |
|---|---|---|---|---|
| 基础培训 | BNCITP | 2 周 | 刚入职特殊代理人 | 基本的刑事、民事及行政法律概念、程序，常见欺骗手段，典型调查技术等 |
| | IG-ITP | 17 日 | 刑事调查员 | 实践技能培训 |
| | TTP | 3 日半 | 具备调查经验的新入职调查员 | 调查活动及法律知识培训 |
| 专项培训 | HOTP | 4 日 | 热线接线员 | 准确记录电话和电子邮件重要信息 |
| | PRTP | 3 日 | 新入职者 | 调查及审讯过程中一些重要的法律准则 |
| | UCITP | 2 周 | 无秘密调查经验的刑事调查员 | 进行短期秘密调查活动所必需的一些基本技能和知识 |
| 高级培训 | AIIGI | 3 日半 | 现场调查 2 ~ 4 年的，以及从未接受过高级问询培训的调查员 | 对学员进行知识和技能方面的培训，使其能够从证人那里更好地获取真实信息，从嫌疑犯那里获取真实、完整的坦白与忏悔 |
| | PCITP | 3 日半 | 监察长调查员 | 指导调查员在调查关于控告员工与机构腐败问题中的操作程序、技巧及法律问题 |

注：除非预先得到监察长刑事调查学院行政主管的批准，刑事调查员必须达到以下两个条件方可参加 IG-ITP 项目培训。第一个条件是毕业于联邦执法培训中心刑事调查项目课程，或者是等同于联邦执法培训中心刑事调查基本培训课程（包括但不限于联邦调查局和美国缉毒局特工基本培训项目）。第二个条件是监察长代理人在加入监察长办公室第一年须参加 IG-ITP 项目培训，并在 3 ~6 个月的时间里通过联邦执法培训中心刑事调查项目培训。

接受培训的刑事调查员、特工还必须具备以下两个条件：一是必须首先完成针对刑事调查员所进行的联邦执法培训基本培训项目，如联邦执法培训中心刑事调查员培训项目，或者是联邦调查局、美国缉毒局、美国邮政检查服务（U. S. Postal Inspection Service)、美国陆军犯罪司令调查部（U. S. Army Criminal Investigation Command）所进行的基本培训项目。二是必须在当前任职机构内完成该机构所开展的具体基本训练项目。

资料来源：作者根据 IGCIA 相关培训资料整理而得。

## （五）统一的监察标准

监察长及监察长办公室雇员在从事相应的审计、调查及评估业务活动时，必须按照相关准则进行。目前，监察长及监察长办公室雇员必须遵守《一般公认政府审计准则（2011 修订版）》《调查质量准则（2011）》《检查与评估质量准则（2012）》《数字取证质量准则（2012）》《监察长办公室质量准则（2012）》。其中，《一般公认政府审计准则》由 GAO 制定、修订并发行，其余四项准则由 CIGIE 自行制定并修正。审计员在开展审计活动时应采用《一般公认政府审计准则》，而非民间采用的《一般公认审计准则》；调查活动、检查与评估活动应分别遵守《调查质量准则》和《检查与评估质量准则》；《数字取证质量准则》也是针对调查业务。

（六）严格的同行评审制度

同行评审是监察长办公室之间的一种相互监督机制。按照评审对象及范围，分为同行审计评审和同行调查评审，同行审计评审和同行调查评审分别在监察长办公室审计部门和调查部门之间进行。

CIGIE 审计委员会负责组织、实施监察长办公室审计部门之间的同行审计评审。根据《一般公认政府审计准则》的要求，每一个监察长办公室的审计部门，应当每三年至少接受其他监察长办公室审计部门的一次评审。对于某一家监察长办公室审计部门的同行评审，由 CIGIE 指定另外一家机构的监察长办公室审计部门负责实施。实施同行审计评审的监察长办公室审计部门，要按照《一般公认政府审计准则》及 CIGIE 制定的《监察长办公室联邦审计组织外部同行评审实施指南》（Guide for Conducting External Peer Reviews of the Audit Organizations of Federal Offices of Inspector General），对接受评审的监察长办公室审计部门的质量控制系统进行评审，以确定其质量控制系统设计是否妥当，能否为被评审的审计机构遵循适用的专业准则提供合理的保障。实施同行审计评审的监察长办公室审计部门，运用职业判断出具外部同行审计评审报告。评审报告有三种结果：一是通过，意味着接受审查的审计机构的质量控制系统设计得当并且得到有效执行，能够在所有重大方面为该审计机构遵循适用的专业准则开展审计业务并提交审计报告等一系列审计活动提供合理的保证；二是有缺陷的通过（pass with deficiencies），意味着接受审查的审计机构的质量控制系统设计得当，除了在报告中陈述的缺陷，能够在所有重大方面为该审计机构遵循适用的专业准则开展审计业务并提交审计报告活动提供合理的保证；三是未通过，意味着被审查的审计机构的质量控制系统设计不当，或者是所设计的质量控制系统不能在所有重大方面为该审计机构遵循适用的专业准则开展审计业务并提交审计报告活动提供合理的保证。对于被评审监察长办公室内部质量控制存在缺陷，实施评审的监察长办公室应在评审报告或者以单独书面材料的形式阐述调查结果、结论及改进建议。2010～2013 财政年度，AMTRAK 等 6 家联邦政府公司监察长办公室审计部门均完成了其他监察长办公室对其进行的同行审计评审，除 PBGC 监察长办公室未通过外部同行审计评审外，其余 5 家均顺利通过（见表 5－9）。

**表 5－9　　2010～2013 财政年度联邦政府公司监察长办公室接受外部同行审计评审情况**

| 被审查单位 | 实施审查监察长办公室 | 截止时间 | 完成时间 | 审计结果 |
| --- | --- | --- | --- | --- |
| AMTRAK | TVA | 2012－9－30 | 2013－2－14 | 通过 |
| Ex-Im | NEA | 2010－12－31 | 2012－2－2 | 通过 |
| FDIC | DB & BBG | 2013－3－31 | 2013－9－17 | 通过 |
| PBGC | SIGAR | 2012－9－30 | 2013－5－15 | 未通过 |
| TVA | DOE | 2010－9－30 | 2011－3－21 | 通过 |
| USPS | DOT | 2012－3－31 | 2012－12－18 | 通过 |

注：DB & BBG 为美国国务院及广播理事会（U. S. Department of State and the Broadcasting Board of Governors）的简称；NEA 为国家艺术基金会（National Endowment for the Arts）的简称；SIGAR 为阿富汗重建特别监察长（Special Inspector General for Afghanistan Reconstruction）的简称；DOE 为教育部（Department of Education）的简称；DOT 为运输部（Department of Transportation）的简称。

资料来源：根据各联邦政府公司监察长办公室半年报整理而得。

监察长办公室调查部门应接受 CIGIE 调查委员会组织实施的质量评估审查（quality assessment review），评审周期为每三年至少一次。质量评估审查的总体目标是确定被评审监察长办公室内部控制系统是否得当，运营是否有效，是否能够为监察长办公室从事专业的调查任务提供合理保证。质量评估审查由 CIGIE 质量评估审查小组负责，负责人由 CIGIE 调查委员会基于调查从业经历状况进行指定，其他人员由某一监察长办公室调查员及行政辅助人员组成。评审结果为两种：合规（compliant）与不合规（noncompliant）。合规意味着接受审查的监察长办公室调查部门内部防护措施充分、管理流程完善，能够确保 CIGIE 有关准则得到贯穿执行，也能够确保《监察长法》赋予的执法权得到恰当运用。若被审查的监察长办公室存在重大缺陷时将不能够通过合规性审查。不合规表明不能通过质量评估审查，意味着接受审查的监察长办公室调查程序或政策等存在缺陷，将会对调查过程及执法活动产生不利影响。2010～2013 财政年度，AMTRAK 等 4 家联邦政府公司监察长办公室调查部门均通过外部同行对其进行了的调查评审（见表 5－10）。

**表 5－10　　2010～2013 财政年度美国联邦政府公司监察长办公室接受外部同行调查评审情况**

| 被审查单位 | 实施审查监察长办公室 | 截止时间 | 完成时间 | 审计结果 |
|---|---|---|---|---|
| AMTRAK | NRC | 2013－2－28 | 2013－3－27 | 通过 |
| FDIC | DOE | 2012－6－22 | 2012－7－31 | 通过 |
| TVA | OPM | 2010－8－1 | 2010－12－14 | 通过 |
| USPS | DOJ | 2011－3 | 2011－6－20 | 通过 |

注：NRC 为原子能管制委员会（Nuclear Regulatory Commission）的简称；DOE 为能源部（Department of Energy）的简称；OPM 为人事管理办公室（Office of Personnel Management）的简称；DOJ 为美国司法部（Department of Justice）的简称。

资料来源：根据各联邦政府公司监察长办公室半年报整理而得。

## 五、对监察长办公室的再监督机制

联邦政府公司监察长办公室是一个法定独立监督机构，同时还赋予其独立进行审计、调查及评估业务所必需的权力。在这种情况下，如何监督制约监察长及监察长办公室雇员的不当行为，直接关系着监察长办公室行使内部监督职能的效果。CIGIE 廉政委员会（Integrity Committee）是依据《2008 监察长法》而设立的外部监督机构，隶属于 CIGIE，专门负责处理涉及对监察长及监察长办公室指定工作人员①不当行为的指控。CIGIE 廉政委员会共有 7 名委员，包括联邦调查局局长指定的专门负责 CIGIE 事务的联邦调查局官员，

① 根据监察长法及其修正案第 11（d）（4）（C）部分的要求，CIGIE 成员单位的监察长必须任命指定工作人员，并且每年 5 月 15 日前须向廉政委员会主席提交指定工作人员名单。监察长办公室指定工作人员包括：直接向监察长报告的工作人员（如副监察长和监察长顾问），负责调查事务的助理监察长。职位低于直接向监察长报告一个级别以上的人员通常不包括指定工作人员之内，如副助理监察长。

担任 CIGIE 廉政委员会主席并保持委员会的记录；CIGIE 主席指定的四名监察长，分别代表联邦机构或指定联邦实体；另外 2 名分别是特别顾问办公室[①]特别顾问和政府道德办公室主任。司法部刑事司公共廉政科主任或其指定人员担任廉政委员会法律顾问，并以顾问的身份出席会议。

CIGIE 廉政委员会是一种涉及对监察长、监察长办公室指定工作人员、特别顾问办公室特别顾问及副顾问的审查与调查机制。对于监察长办公室指定工作人员（包括在任或前任）不当行为的任何指控，监察长首先对这些指控进行审查，以确定是否有必要将其移送至 CIGIE 廉政委员会。如果监察长经过审查后，认为不能将这类指控移交至拥有适当管辖权的行政部门进行妥善处理，或者是监察长办公室内部调查不能确保该指控达到客观公正的目标时，该单位监察长应将其转交至 CIGIE 廉政委员会。对于涉及监察长的指控，必须交由廉政委员会并由其进行处理。此外，涉及针对特别顾问及副特别顾问的投诉，也在廉政委员会管理的范围之内。然而，廉政委员会不会受理下列情况的指控或投诉：对象不是监察长办公室指定工作人员，或者不是 CIGIE 成员单位的监察长。[②]

廉政委员会按照法定程序，对监察长办公室进行监督。廉政委员会调查工作须遵守 CIGIE 制定的《调查质量准则》（Quality Standards for Investigations）。除此之外，廉政委员会与 CIGIE 主席一起，制定其他必要的政策与程序以确保调查活动的公平公正。CIGIE 须向国会司法委员会提交廉政委员会制定的有关政策及程序的副本。其法定工作程序如下。

接受并审查对不当行为的指控。（1）工作组[③]进行初步审查。工作组对

① 美国特别顾问办公室（Office of Special Counsel）是一家独立的联邦调查与检查机构，其主要使命是通过制定禁止用人规定政策以保护联邦雇员及求职者的就业权利，特别是保护禁止针对举报人的报复行径。特别顾问办公室负责人为特别顾问（Special Counsel），由总统任命并须经参议院批准。目前，特别顾问办公室共有 110 名雇员（主要由人事管理专家、调查员及律师等组成），总部设在华盛顿，在达拉斯、底特律和奥克兰设有现场办公室。

② 如军事部门的监察长，为非 CIGIE 成员单位，对此类监察长官员或其员工不端行为的指控应移交至国防部监察长办公室进行处理。

③ 工作组成员来自联邦调查局雇员或者是某监察长办公室的工作人员，由廉政委员会主席任命并协助执行其职责。

所有廉政委员会收到的指控进行初步审查，以确定指控是否属于廉政委员会管辖范围之内。如果申诉者的指控材料不够翔实，工作组将与申诉者进行联系并向其索取额外有关信息。工作组记录下每一个申诉，并与每一位申诉者进行联系以确认其收到这一（些）指控，匿名申诉者除外。工作组对于不能确定某一特殊申诉是否属于廉政委员会管辖权限，应将该申诉交由廉政委员会作出判定。（2）移交廉政委员会管辖之外的指控。对于涉及非廉政委员会管辖权限内的指控，如指控对象为非 CIGIE 成员单位监察长或者是 CIGIE 成员单位监察长办公室非指定工作人员的指控，或者是指控对象属于廉政委员会管理对象，但申诉者的指控事由并非针对不当行为的，等等。这类指控已超越了廉政委员会的管理和处置权限，廉政委员会工作组将此类指控呈送至廉政委员会主席，由廉政委员会主席将此类指控转交至联邦政府有关行政机构进行处理。如果申诉者请求对其申诉事宜进行保密，廉政委员会不能公开申诉者身份。对于可能涉及的犯罪行为的指控，廉政委员会主席将指控移交至美国司法部公共廉政科进行处理。如果公共廉政科对该指控做出不予起诉的决定，廉政委员会将停止处理这一指控。（3）廉政委员会会议日程安排。对于涉及廉政委员会管辖权范围之内的指控，由工作组安排会议议程以便于为此廉政委员会会议做准备。同时，工作组须向廉政委员会主席提供一份关于移交至其他单位的总结报告。

确定是否进行立案调查。（1）立案标准。是否违反有关法律、法规及管制政策；是否存在严重的管理不当行为；是否存在资金严重浪费现象；在执行公务时是否滥用职权；以及是否存在着严重破坏监察长或监察长办公室高级职员进行独立工作的行为。（2）不符合立案标准的处置办法。如果指控因毫无价值或者是未能得到有力的证据支撑而未达到上述立案要求时，廉政委员会有权决定审慎采取具体的处理办法。对于此类指控，廉政委员会除了采取直接终止后续调查事宜的方式外，根据指控的具体情况可以将其移交至联邦政府行政机构或者是有关监察长进行处理。（3）对申诉者指控的反映。如果指控属于廉政委员会管辖权限之内，廉政委员会通常以信件（信件内容主要是对指控内容的一份摘要）的方式告知涉嫌的监察长或者是监察长办公室指定工作人员，并要求其对这一指控给予及时的回复。在廉政委员会下一次会议上将就被指控对象对申诉的反映进行考察。（4）采取行动。廉政委员会在收到涉嫌监察长或者是监察长办公室指定工作人员的回应后，将会采取一种下列决定：①涉嫌人员的回应能够充分回答或者是驳斥对其申诉，决定做进一步的询问和调查是不必要的。②对于转交至其他机构进行处理的指控，相关机构在做出处理决定后须向廉政委员会提交一份包含处理结果的报告，廉政委员会对此报告进行审查并做出评价后一并交由 CIGIE 执行主席。③对于那些违背转交的指控，交由廉政委员会主席进行调查。

进行调查。（1）调查安排。当决定对某一（些）指控进行调查时，廉政委员会主席将指派 CIGIE 某一监察长给予支持，但该监察长必须与该指控无关。监察长轮流协助廉政委员会处理指控调查事宜。监察长从其监察长办公室人员队伍中选派工作人员承担调查活动，而这些工作人员必须接受廉政委员会主席的领导与控制。调查过程中产生的报销费用问题按照 CIGIE 与 CIGIE 执行主席制定的政策及程序进行解决。调查活动应符合 CIGIE 最新制定的《调查质量准则》（Quality Standards for Investigation）。廉政委员会主席通过其工作组密切监视调查活动进展。（2）审查调查状况。廉政委员会有权就目前正在进行的调查活动进行审查，并在必要时要求采取迅速、适当的处理行动。在调查过程中，如果发现了一些显示出犯罪迹象的有关信息时，监察长办公室调查员将通过廉政委员会工作组将该情况反映至廉政委员会主席，并与公共廉政科一起讨论如何处理这一事件。此外，监察长办公室调查员在与调查对象直接接触前，也必须与廉政委员会工作组及公共廉政科进行磋商。在一起申诉中涉及多项指控或者是在调查过程中出现新的指控，廉政委员会将会按照立案标准扩大调查范围。（3）通知涉嫌被指控的监察长，并给予其机会对指控进行解释。当一项针对指控的调查活动开始时，廉政委员会主席将以信件的方式通知涉嫌被指控的监察长或者是监察长办公室指定工作人员。

报告调查结果。调查活动结束以后，调查组将出具一份调查报告，内容包括必要的事实材料、调查结论、转录的证人证言、证人的陈述总结，报告格式按照廉政委员会主席规定的格式撰写。调查组完成调查报告后，由监察长指定的一名高级官员（通常由负责调查事务的助理监察长担任）对报告进行复核，以确保该调查符合调查质量准则的要求。调查报告在获得该高级官员审核通过后，将提交至廉政委员会主席，调查报告提交份数也须提前与廉政委员会主席商议决定。

廉政委员会审核调查报告。廉政委员会主席向廉政委员会委员每人提供一份调查报告，以便于委员对该报告进行审核。同时，出于申诉者或证人要求不公开其个人身份的考虑，调查报告结果修改后提交至涉嫌被指控的监察长或监察长办公室指定工作人员。该监察长或监察长办公室指定工作人员在收到调查报告 10 日内应向廉政委员会提供一份书面解释。廉政委员会将对调查报告、涉嫌被指控的监察长或监察长本公司指定人员的书面解释进行审核和评估，并讨论调查结论建议。一般情况下，廉政委员会的目标是在收到调查报告 30 日内完成调查报告的审核。廉政委员会通过一致同意原则判定指控内容是否属实，如果未达成一致意见，则由廉政委员会委员投票表决并按照投票结果少数服从多数原则进行判定。

转发调查报告。廉政委员会主席将调查报告以及一封内容包含廉政委员会调查结果、意见以及建议（包括惩戒处分建议）的信件一道呈送至 CIGIE 执行委员会。如果指控是针对联邦政府机构监察长或者是监察长办公室工作人员，调查报告及其信件须提交至总统；如指控针对的是指定的联邦实体监察长或监察长办公室工作人员，则须提交至该指定的联邦实体负责人，并各自由总统或指定的联邦实体负责人进行处理。廉政委员会将其报告呈送至 CIGIE 执行主席 30 日内，须将报告摘要以及相关建议提交至众议院政府监督与改革委员会、参议院国土安全与政府事务委员会以及其他国会司法委员会。

结案。在下列情形下，廉政委员会有权作出对指控进行结案的决定：（1）指控内容不在廉政委员会管辖权限内；（2）指控毫无价值而且缺乏文件支持；（3）在审核涉嫌被指控的监察长或监察长办公室指定工作人员的反应回复后，监察长认为该回应能够充分驳斥这一指控或者是对指控给予一个满意的答复，在这种情况下，廉政委员会将会裁定对该指控进行进一步询问或者调查是不必要的，可以做出结案的决定；（4）某一指控被移交至监察长办公室进行内部调查，而且廉政委员会认可监察长进行的内部调查处理时，亦可以结案；（5）在收到某一指控被移交至 CIGIE 执行主席进行处理的通知后，即可以做出结案决定。

最终行动通知。指控结案后，廉政委员会主席将会通知涉嫌被指控的监察长或者是监察长办公室指定工作人员，匿名申诉情况除外。

针对离任监察长或监察长办公室指定工作人员的指控，也在廉政委员会审查权限之内。廉政委员会收到某一指控或者是对该指控开始调查前，涉嫌被指控的监察长或监察长办公室指定工作人员即将离任，此情况下，廉政委员会将不予对该指控进行立案调查。廉政委员会通常对该类指控作停止考察和结案处理。一个例外情况是，涉嫌被指控的监察长或监察长办公室指定重新在原单位或者是其他单位再次任职监察长或其指定工作人员时，在合理追诉期并且出于司法公正的考虑，应重新启动对原有指控的审查、调查。廉政委员会对某一指控开始进行调查后，涉嫌被指控的监察长或其指定工作员离任而且从此不再担任该类职务，此种情况下廉政委员会将基于维护司法公正的角度决定是否继续进行有关调查活动。

## 六、小结

通过上述分析发现：（1）法律制度是监管机构履职的基本前提。作为监管机构，其使命或职责就是对被监督者实施有效的监督管理。一方面，被监管者必须接受来自监管者的监督。另一方面，监管者履行监管职责也必须按照相应法律法规进行。监察长办公室对联邦政府公司的监督完全按照《监察长法》及配套法律的要求进行。依法监督是美国联邦政府对联邦政府公司实施有效监督的依据和前提。（2）独立性是监管机构履职的必备条件。联邦政府公司监察长办公室根据《监察长法》依法设立，为一个超党派的独立监察机构，由所在公司董事会或总统按照法定程序任命。《监察长法》同样赋予了监察长极大的监督监察权，凡是涉嫌欺骗、滥用、浪费等违法、违规及低效率行为，都在监察长的监督范围之内，不管嫌疑人身份地位高低、涉嫌违规金额多少。在《监察长法》的强制性要求下，监察长及监察长办公室的独立性有了法律保障。(3) 监管队伍是决定监管机构履职成败的关键因素。监管机构雇员是履行监督事务的具体执行者、实施者，监管队伍的独立性程度、权力大小、能力高低直接关系监督任务的成败。监察长办公室人员队伍自身条件过硬，加入监察长办公室，应具备必需的能力、知识与经验，同时，通过完善的再培训体系，专业技能能够得到不断提升。(4) 对监察机构再监督是确保监管机构履职效果的重要保障。对监督监察机构的行为进行约束，建立对监察机构的监督制约机制，对监察机构人员的不当行为进行惩处。(5) 重视社会公众监督，设有举报热线电话、举报邮箱，对提供重要线索的举报人给予经济激励或者是免责特别待遇，并对举报人的身份严格保密。

联邦政府公司监察长办公室在执行审计、调查以及评估活动中成绩显著。2013TVA 监察长办公室半年报显示，2013 年 3 ~ 9 月，TVA 监察长办公室审计出的问题成本（questionaed costs）约 3800 万美元、建议调整使用用途资金约 1.5 亿美元（其中约 2700 万美元已经兑现），并挽回资金约 1600 万美元。

# 第六章

# 联邦政府公司信息披露监管

信息披露本身也是一种监督制约机制。在所有权与经营权分离状态下，因委托人与代理人之间信息不对称，反向激励代理人的败德行为，从根本上危害委托人的利益。通过信息披露，使代理人的权力与行动在阳光下运行，可在一定程度上减轻委托人与代理人之间信息不对称的程度，激励代理人努力工作，进而提高公司经营效率。

## 第一节　国有企业信息披露的意义

### 一、确保公民知情权，便于社会监督

从产权属性上讲，国有企业最终归全体人民所有，人民作为国有企业的实际出资人，了解国有企业经营状况、财务信息等是出资人的一项基本权利。然而，国有企业的真正所有者——全体人民很难直接行使其应有监督职能，既难以直接获取国有企业的剩余索取权，又难以直接监督国有企业经营管理活动，只能依靠政府间接行使这些权力。国有企业多层次委托代理关系导致更加复杂的委托代理问题的出现，过长的委托代理链条容易导致所有者缺位、越位和错位等现象。所有权虚化和事实上的缺位，导致国有企业难以直接建

立以所有者为中心、有效制衡的现代公司治理机制，进而导致国有企业比一般企业代理成本、监督成本相对较高。在缺乏有效社会监督约束下，多层次复杂委托代理问题最终将会损害国有企业实际所有者利益。国有企业公共性、社会性、全民性，也赋予社会公众有权获得国有企业经营管理活动的相关信息，信息披露是保障社会公众享有知情权、行使监督权的一个重要渠道，也是国有企业履行社会责任的重要体现（綦好东、王伟红，2012）。《OECD 国有企业治理指引》要求非竞争性领域的国有企业或者是承担公共社会政策义务的国有企业执行比一般企业更高的信息披露标准，这是因为社会公众是国有企业的最终所有者，国有企业应该至少像公共交易的企业一样透明（经济合作与发展组织，2005）。

## 二、降低代理成本，提高经营效率

只要存在委托代理关系，委托人与代理人之间的信息不对称问题就不可避免。在信息不对称条件下，处于信息占优一方的代理人，通常会利用这种优势谋取个人利益。这时，委托人利益让位于代理人的个人利益，委托代理问题因此而产生。而在信息完全、对等的情况下，委托代理问题能够大大降低，委托代理成本也随之得到减轻。然而，信息不对称无处不在，委托代理问题自然也就无法彻底根除。可行的办法是通过某种制度安排，要求代理人向委托人按照某种约定向其披露有关信息，以降低他们之间信息不对称的程度，进而监督、约束代理人的不当行为或者不作为。此外，如果定期将企业经营信息向社会公布，市场会对企业经营状况进行评判，并直接影响经理人的自身市场机制，从而在一定程度上刺激代理人努力工作、科学决策。

## 三、遏制国有企业腐败，防止国有资产流失

信息披露能够有效地遏制国有企业腐败、防止国有资产流失。国有企业腐败现象多种多样，比如：转移、挪用、侵吞国有企业财产；在购销、投融

资等环节收受贿赂；过度在职消费，账外设账，弄虚作假，私分公款，贪赃枉法，甚至出现携款外逃；借企业改制、资产重组之机，低估、贱卖、隐匿、转移、侵吞、侵占国有资产、侵害职工合法权益；滥用职权假公济私，为自己和亲友谋取私利，甚至引发案件，造成恶劣影响。在缺乏有效监督的条件下，国有企业负责人权力过大，由此引起的腐败问题可能会更大，给国家造成的经济损失也将更加严重。国有企业腐败问题之所以会出现，除了法制建设滞后、权力缺乏制衡等体制性原因之外，信息披露不充分也是导致国有企业腐败现象高发的直接诱因。国有企业腐败必然导致国有资产流失，最终受到损失的将是全体纳税人。假若委托人拥有代理人的充分信息，就能够对代理人的违法乱纪行为进行有效的监督，代理人的“以权谋私”的行为就不易发生，国有企业腐败之风将会得到有效遏制，从而有助于有效阻止国有资产流失。

## 第二节　国有企业信息披露的基本要求

### 一、真实性

真实性是国有企业信息披露最重要、最根本的要求。它要求国有企业以客观事实为基础，以没有任何粉饰的方式对已经发生的事实进行客观描述，不能有任何虚假成分。在包括国有企业在内的所有企业组织中，财务信息是否真实、客观居于核心地位，也是判断企业信息披露是否具有真实性的最重要指标。这是因为财务信息能够全面反映企业经营状况，是对企业经营业绩进行评判的重要维度。为此，企业负责人出于提高个人声誉和显示政绩的需要，有动力利用会计准则的漏洞，做大企业利润，夸大经营业绩。在这种情况下，对会计数据、财务报表等进行外部独立审计，是保证财务信息真实性的重要举措。

## 二、完整性

完整性也可以称之为充分性，是针对所披露的信息内容，它要求信息披露义务人对所发生的事实进行毫无保留的陈述，不能遗漏重大事件。信息披露是否充分主要与信息披露周期以及信息披露义务人的选择性披露行为有关。一般而言，信息披露周期越长，信息披露越充分越完整。在实践中，企业年报均对上一财政年度（或会计年度）财务报表信息进行披露，较半年报、季报所披露的信息更为完整，而对于追求时效性的临时报告，因仅披露某一具体信息无充分性可言。在无法律强制性要求下，信息披露义务人通常会进行选择性信息披露，主要表现是隐藏企业财务信息、高管持股及薪酬等重要信息的披露。而对于企业概况、组织机构、高管人员、经营业务等非重要信息，国有企业通常会在有关媒体或其官方网站进行公开，而对于财务信息等关键信息，自愿性信息披露情况通常较少。因此，国有企业是否对年度会计数据、财务报表、高管薪酬等信息进行公开披露，是判断其信息披露完整性与否的主要考量因素。

## 三、及时性

及时性又称为时效性，是针对信息披露的时间标准，它要求信息披露义务人按照有关法律、法规、规章的规定，在法定时间内披露有关信息，不得延误。及时性主要表现在两个方面：一是应在法定时间内及时披露公司年报、半年报、季报等定期报告；二是临时通知或公告，当发生一些重要事件时，信息披露义务人应当进行及时报告或通知。信息披露的及时性与完整性之间存在着矛盾，临时报告或通知时效性最强，但因仅披露某一具体信息，导致信息披露不够完整、充分；年度报告信息含量最为丰富、完整，但具有较长的披露周期，因较长的滞后性导致关键信息如公司财务报表等不能及时得到披露。将定期报告与临时通知有机地结合起来，就可以实现信息披露的完整性与及时性的双重目标。

## 第三节 美国联邦政府公司强制性信息披露

强制性信息披露制度始于英国，成长于美国。19 世纪上半叶的英国，金融欺诈行为乱象丛生。为保护投资者合法权益不受侵害，英国国会于 1844 年通过《公司法》。该法规定公司募股须公开其有关资料。此后，英国《公司法》进行了多次修订，但强制性信息披露制度建设进程缓慢。20 世纪初期，美国信息披露制度建设全面展开。1911 年，堪萨斯州制定《蓝天法》（Blue Sky Law），要求证券发行人向公众披露相关信息，以保护投资者免遭欺诈。随后各州纷纷效仿并各自制定《蓝天法》，截至 1933 年，制定《蓝天法》的州达到 46 个。然而，各州所制定的《蓝天法》并未能有效阻止证券市场欺诈、操作等行为。1929 年，美国股市崩盘直接催生了美国《1933 证券法》（the Securities Act of 1933）和《1934 证券交易法》（the Securities Exchange Act of 1934）的出台。《1933 证券法》又被称之为《证券真实法》（Truth in Securities Law），是针对证券发行市场，对证券发行过程中的信息披露进行了详细、具体的规定；而证券交易市场的信息披露制度则由《1934 证券交易法》确立。此后，美国国会又通过了一系列证券市场信息披露制度。

### 一、联邦政府公司信息披露强制性规定

美国政府在保障公民个人隐私权的同时，积极推动政府信息公开法律制度建设，使政府机构的权力在“阳光下运行”，以便于社会公众约束、监督政府行为。1966 年，《自由信息法》（Freedom of Information Act）授权公众可以获取政府机构的文件、档案等信息，并提出了信息公开的三种方式，其中之一就是政府机构主动公开。随着互联网技术的发展，以电子形式储存、传递、发布信息越来越普遍，且成本低、效率高。为此，1996 年，美国国会通过了《电子自由信息法》（Electronic Freedom of Information Act），要求政府机构应提供在线信息供社会公众查阅、下载。在这里，政府机构不仅包括行政

机构、立法机构，联邦政府公司也在此列。因此，联邦政府公司也必须遵守《自由信息法》和《电子自由信息法》的规定，向社会公开披露信息。《自由信息法》和《电子自由信息法》只是对政府机构信息披露提出了一般性要求，对有关政府公司信息披露的具体要求未做规定。但在《政府公司控制法》、联邦政府公司特殊法以及《监察长法》中，对联邦政府公司信息披露进行了具体规定。

## 二、经营管理信息披露一般性规定：《政府公司控制法》

《政府公司控制法》对联邦政府公司信息披露的强制性披露具有一般性，即所有的政府公司的信息披露均应按照此法的有关条款规定执行，大部分联邦政府公司属于该法所定义的政府公司范畴之内，故而该法对其具有法律约束力。当然也有例外，如 AMTRAK，则不属于政府公司，因而也就不受《政府公司控制法》的制约。

《政府公司控制法》对信息披露的强制性要求，在披露时间、披露对象、披露内容等方面提出了明确的要求。首先，在披露时间上，该法将政府公司年度管理报告提交的时间限定在每一财政年度结束后 180 日之内，即在每年 3 月 31 日前完成上一财政年度的年度管理报告，这样在一定程度上保证了信息披露的时效性。其次，在披露对象上，政府公司应将年度管理报告提交给国会，国会是年度管理报告的第一接收人，并同时向总统、管理与预算办公室主任、主计长提供报告副本。最后，对政府公司信息披露的内容进行了具体规定。《政府公司控制法》要求年度管理报告应包括以下七方面内容：（1）财务状况表；（2）经营情况表；（3）现金流量表；（4）预算报告；（5）按照《1982 联邦管理人员财务诚信法案》（Federal Managers' Financial Integrity Act of 1982）的要求，政府公司负责人就内部会计和管理控制系统所作出的声明；（6）财务报表审计报告；（7）有关公司经营及财务状况的其他信息。

然而，《政府公司控制法》对联邦政府公司信息披露要求不够彻底，存在明显缺陷：一是信息披露时间要求过于宽松，延长了信息披露时间，违背信息披露及时性原则；二是信息披露对象不全面，并未包括所有利益相关者，尤其是美国公民、新闻媒体、中介组织等；三是信息披露渠道不畅，信息披露方式不具体；四是信息披露内容不完整，仅要求披露公司财务信息，社会责任履行情况、监督监察信息等内容未列入其中。由于《政府公司控制法》对政府公司的强制性信息披露的一般性规定，无法对应披露的内容进行深入具体的规定，因此，还需要其他法律制度相配合，即下面将要论述的联邦政府公司特殊法和《监察长法》。

## 三、经营管理信息披露具体性规定：联邦政府公司特殊法

联邦政府公司特殊法充分考虑了每家公司的特殊性，对各个公司信息披露的要求十分具体。由于特殊法适用范围的唯一性，使得各个联邦政府公司在有关信息披露的具体环节上存在着差异。不过，从信息披露的形式来看，年度报告是主要的信息披露载体。在各联邦政府公司特殊法中，均明确要求联邦政府公司按照有关规定提交年度报告。

### （一）年度报告

年度报告是联邦政府公司披露其经营状况的主要载体和形式。尽管各联邦政府公司特殊法对各个公司年度报告信息披露的时间、内容等要求存在差异，但周期均为一个财政年度（即上一年度 10 月 1 日至本年度 9 月 30 日），国会也是其共同的信息披露对象。各联邦政府公司特殊法对每家公司年度报告披露的相关规定如表 6 – 1 所示。

**表 6 – 1　部分联邦政府公司特殊法对公司年度报告信息披露的法律规定**

| 公司 | 披露时间 | 年报期限 | 披露对象 | 主要内容 |
| --- | --- | --- | --- | --- |
| AMTRAK | 2 月 15 日前 | 上一财年 | 国会 | 上一财政年度 AMTRAK 所有城际铁路客运运输情况 |
| EXIM | — | 上一财年 | 国会 | 要求提供一份完整、翔实的公司经营年度报告，尤其重视为小型出口企业预留分配资金使用情况 |

续表

| 公司 | 披露时间 | 年报期限 | 披露对象 | 主要内容 |
|---|---|---|---|---|
| FDIC | 1月1日前 | 上一财年 | 参众两院主席、美国总统 | 上一财政年度有关公司经营、预算、收支情况，存款保险基金及FSLIC清算基金使用情况 |
| TVA | 3月 | 上一财年 | 国会及总统 | 财务报表、完整公司经营报告 |

资料来源：根据各联邦政府公司特殊法整理而得。

在联邦政府公司特殊法对年度报告的相关规定中，所披露内容的差异化是最为显著的特征。各联邦政府公司分布在不同的产业领域，从事不同的经营业务，并执行不同的使命和任务，对各个公司年度报告的内容进行单独具体规定（见表6－2），有利于国会、总统、社会公众等监管主体全面了解各联邦政府公司的年度经营情况。

**表6－2　各联邦政府公司特殊法对年度报告信息披露内容的法律规定**

| 公司 | 具体内容 |
|---|---|
| AMTRAK | （1）经营状况：①旅客人数；②乘客英里；③单位客运英里可以避免的短期利润或损失；④收益与成本比率；⑤公司收入；⑥美国政府补贴数额；⑦来自美国政府之外的补贴收入；⑧列车准点率。（2）对于AMTRAK职员薪酬超过行政工资1级水平的决定要提供相关信息说明。（3）AMTRAK确认的一些重大经营问题，以及AMTRAK就该问题提出的解决方案 |
| FDIC | （1）存款保险基金及FSLIC清算基金目前财务状况；（2）上一年度公司对参加保险储蓄机构采取的处置行动，以及处置行动的目的、效果和成本估计；（3）上一年度实际援助成本超出估计援助成本的程度；（4）对一些可能影响存款保险基金变动的经济因素进行披露；（5）对实现目标必需的资源条件进行估计；（6）对公司未来活动提出一些立法及管理方面的结论及建议 |
| TVA | （1）每一座电站发电成本；（2）雇员总人数；（3）年度薪酬奖励超过1500美元雇员姓名、收入、职位等情况 |

资料来源：作者自行整理而得。

（二）其他报告

为了弥补年度报告中某些重要信息的缺失，增强信息披露完整性，各联邦政府公司特殊法要求各公司按照要求，以其他报告的形式披露有关内容。具体地看，针对每个联邦政府公司的使命愿景、业务性质、行业特征，特殊法对其他报告的信息披露提出了具体的要求（见表6－3）。

**表 6－3　　　联邦政府公司特殊法对其他报告信息披露的规定及要求（以 AMTRAK、EXIM、FDIC 为例）**

<table>
<tr><th>公司</th><th>报告名称</th><th>提交时间</th><th>报告期限</th><th>披露对象</th><th>主要内容</th></tr>
<tr><td rowspan="3">AMTRAK</td><td>年度总结及立法报告</td><td>2 月 15 日前</td><td>一个财年</td><td>国会及总统</td><td>上一财政年度 AMTRAK 经营、活动、成就以及收入支出表，主要包括：AMTRAK 经营目标实现程度；立法建议（经营及资本投资方面的联邦财务援助金额，计算方法以及资金来源）</td></tr>
<tr><td rowspan="2">季报</td><td>季初</td><td>一个季度</td><td>财政部长</td><td>公司财务经营计划及预测报告</td></tr>
<tr><td>季末</td><td>一个季度</td><td>财政部长</td><td>公司财务状况及经营结果</td></tr>
<tr><td>EXIM</td><td>年度竞争力报告</td><td>6 月 30 日前</td><td>一年</td><td>国会专业委员会</td><td>旨在增强美国出口企业国际竞争力的而采取的财务援助行动；与其他出口信贷机构开展的财务合作项目及援助项目；为增强可再生资源产品及服务出口而采取的行动举措；等等</td></tr>
<tr><td rowspan="2">FDIC</td><td>季报</td><td>季初</td><td>一个季度</td><td>财政部长</td><td>财务经营计划及预测结果</td></tr>
<tr><td>季报</td><td>季末</td><td>一个季度</td><td>财政部长</td><td>公司财务状况及经营结果</td></tr>
</table>

注：指的是国会众议院财务服务委员会（Committee on Financial Services of the House of Representatives）和参议院银行、住房与城市事务委员会（Committee on Banking，Housing，and Urban Affairs of the Senate）。

资料来源：作者根据各联邦政府公司特殊法自行整理而得。

## 四、监督监察信息披露特殊规定：《监察长法》

《监察长法》对包括联邦政府公司在内的联邦机构监察信息披露要求严格、完整。对信息披露的形式、内容、时效、主体及对象等进行了明确、具体的规定。

半年报和即时报告是监察长办公室两种基本信息披露形式。半年报是监察长办公室信息披露的常规形式，所披露信息的时间范围为半个财政年度，即每年的 4 月 1 日至当年的 9 月 30 日和 10 月 1 日至次年 3 月 31 日；及时报告是一种临时性报告，专指当监察长办公室发现有重大信息需要披露时所采取的一种方式。

为保证监察信息披露的时效性，《监察长法》对此进行了具体的时间限定。按照《监察长法》的要求，半年报应分别在 4 月 30 日和 10 月 31 日前完成，并须在该日期内提交给联邦政府公司董事会，董事会在收到半年报 30 日内应将该半年报连同董事会报告一起送递至国会有关委员会，在国会收到半年报 60 日内应提供该半年报副本以便于社会公众查阅。由于半年报信息披露周期通常为半年，为尽力缩短信息披露间隔，对于一些重大事件，《监察长法》要求进行及时报告。《监察长法》规定，对于一些性质恶劣、后果严重的有关浪费、滥用及缺陷等问题，监察长应立即向联邦政府公司董事会进行报告，董事会在收到报告后应将该报告以及董事会就此问题作出的报告一起，在 7 日内向国会有关委员会报告。由此可以看出，《监察长法》对监察信息披露的时间性要求极其细致，在信息披露过程的每一个环节都设置了具体的时间限制，从而大大增强了信息披露的及时性。

从信息披露的主体和对象来看，监察长办公室是信息披露的执行主体，国会及社会公众是信息接收主体。在监察长办公室与国会之间，联邦政府公司董事会实际上充当了一个“二传手”的角色，董事会首先接收来自监察长办公室的半年报和临时报告，然后完成相应的董事会报告，最后将监察长办公室报告及董事会报告一起在规定时间内提供给国会。以总统为首的行政部门并未参与监察信息传递过程，这也是监察长办公室独立性的重要体现。

《监察长法》监察信息最值得关注的地方莫过于对报告内容的规定上。《监察长法》对半年报内容要求十分具体，涉及十余项：（1）在报告期内发现有关项目管理及公司运营中存在重大问题、滥用及缺陷时，应在半年报中予以披露；（2）对于上述存在的问题，应当说明监察长办公室提出的纠正措施建议；（3）对于监察长办公室在以往半年报中所提出的纠正措施建议，如果在本报告期内未完成整改的，须在该半年报中再次确认；（4）对于那些移交至检察机关以及受到控告、定罪的行为，应提供内容摘要；（5）在报告期内，监察长办公室依法向联邦、州及地方政府有关机构及其他单位获取履行职责必要的信息、协助遭到无理由拒绝时，监察长应将该情况立即向所在机构负责人汇报，并在半年报上提供内容摘要；（6）列出审计项目清单并对其进行归纳，审计结果应包括问题成本总金额、未受支持成本总额，以及对资金有更佳使用用途的建议进行说明；（7）对于一些重要的报告，在半年报中应提供内容摘要；（8）单列统计表，内容包括审计报告、调查报告、评估报告的数量，以及问题成本总额；（9）对报告期内所进行的有关重要决定进行改变的情况，应对此进行说明并解释其原因；（10）监察长不同意的一些重大管理决定；（11）在报告期内其他监察长办公室所进行的同行评议结果应包含在半年报中；如果在报告期内未进行外界同行评议，应说明上一次外界同行评议情况；（12）对于外界同行评议所提出的建议，如果在报告期内尚未完成，应列出未完成建议的清单，并说明这些建议的实施进展以及尚未完成的原因；（13）监察长办公室对其他监察长办公室进行的同行评议；等等。

此外，《监察长法》还要求每一家联邦机构都应建立一个独立的网站，并在网站首页上可直接连接到监察长办公室页面。在网站上公布的有关报告或结果，须易于搜索、下载，其设置的格式须便于个人打印。在监察长办公室网页上，须设置便于个人报告欺骗、浪费及滥用的页面链接，个人在揭露有关欺骗、浪费及滥用行为时，无须对其身份进行验证。监察长在未经披露人允许的条件下，不得泄露其个人信息，除非因调查的需要必须公开。

与此同时，《监察长法》还规定了一些禁止信息披露的几种情形：一是法律规定禁止披露的情形；二是出于国防需要、国家安全以及国际事务的利益的考虑，以行政命令规定禁止披露的情形；三是与即将开展犯罪调查有关的信息也禁止披露。

## 第四节　美国联邦政府公司信息披露现状

### 一、经营信息披露现状

#### （一）真实性评价

企业信息披露真实性要求披露人所披露信息要客观、真实，以至于信息接收人能够接受、认可该信息。由于信息披露人与接收人之间存在着天然的信息不对称问题，以及信息接收人自身专业能力、精力的限制，使得披露人在信息披露过程中故意夸大披露对自身有利的信息，对自身不利的信息不披露、少披露，其结果是信息披露真实性大打折扣，利用信息披露机制激励、约束企业管理层的监管机制实现。如何实现企业信息披露的真实性、客观性，一个可行的办法是对企业披露的重要信息进行第三方独立审计，并出具无保留审计意见。一般而言，审计机构社会认知度越高，其审计结果的可信度就越强。具体到美国联邦政府公司，每一财政年度在向国会、社会公众发布年度报告之前，重要信息如财务报表、内部质量控制必须按照《一般公认政府审计准则》，接受来自第三方独立审计机构进行审计，并出具审计报告。

联邦政府公司每一财政年度，都必须接受外部独立审计机构对其财务报表进行审计。外部独立审计机构在完成审计任务后，必须出具审计意见。一般而言，审计机构社会认知度越高，其审计结果的可信度就越强。2013财政年度，AMTRAK、EXIM、OPIC、PBGC、TVA 等联邦政府公司，其财务报表均得到了知名第三方审计机构的独立审计，具体内容如表 6 – 4 所示。

**表 6 – 4　2013 财政年度部分联邦政府公司接受外部独立审计机构情况**

| 公司名称 | 审计机构 |
|---|---|
| AMTRAK | 安永会计师事务所 |
| EX-IM | 德勤会计师事务所 |
| FFB | 毕马威会计师事务所 |
| OPIC | 克利夫顿·拉森艾伦会计师事务所 |
| PBGC | 克利夫顿·拉森艾伦会计师事务所 |
| TVA | 安永会计师事务所 |

资料来源：根据各联邦政府公司 2013 财政年度年报整理而得。

（二）完整性评价

总体而论，美国联邦政府公司经营信息披露较为充分、完整，对于公司概况、组织架构、高管人员情况、财务报表、战略规划等信息均能以报告的形式向社会公开。不过，在信息披露的规范性及具体内容方面存在着差异。

TVA 和 USPS 信息披露规范，遵照 10－K、10－Q 和 8－K 格式[①]，按时向社会公布年报、季报和临时报告。其余的联邦政府公司，主要通过自行设计的年报向社会披露其经营信息。

在披露内容方面，与其他联邦政府公司相比，TVA 和 USPS 所披露的信息更加完整、具体，尤其体现在财务报表和高管薪酬方面。TVA、USPS 按照美国证券交易所 10－K 格式要求，对公司的财务报表、高管薪酬等重要敏感信息进行了充分披露。从所披露的财务报表来看，TVA、USPS 各自用了 166 页和 38 页的篇幅进行说明，运营表、损益表、资产负债表、现金流量表等关键财务信息均包含其中（见表 6－5）。

**表 6－5　　TVA、USPS2013 财政年度财务报表披露情况**

| 项目 | TVA | USPS |
|---|---|---|
| 运营表 | 合并（√） | √ |
| 总损益表 | 合并（√） | × |
| 资产负债表（资产） | 合并（√） | √ |
| 资产负债表（负债） | 合并（√） | √ |
| 现金流量表 | 合并（√） | √ |
| 所有者权益变动表 | 合并（√） | × |
| 净亏损变动表 | × | √ |
| 财务报表附注 | √ | √ |
| 独立注册会计师审计报告 | √ | √ |
| 财务报表页数 | 166 页 | 38 页 |

资料来源：根据 TVA、USPS2013 年财政年度年报整理而得。

关于公司高管薪酬信息，TVA、USPS 在公司年报中对董事会成员，尤其是经理层的薪酬结构和水平、计算依据和方法，都进行了详细陈述，董事及

① 10－K、10－Q 和 8－K 格式是美国证券交易委员会对上市公司有关信息披露的一种规范性要求。10－K 是公司年报，披露包括公司组织架构、高管薪酬、财务报表等与投资者利益密切相关的所有信息，披露信息详细，并且财务报表经过会计师事务所审计；10－Q 是公司季报，所披露信息不及 10－K 格式那么详细，并且其中财务报表未经会计师事务所审计；8－K 格式实际上是一种临时重大信息披露规定，用于通知公司股东有关计划之外的重大事件，只要公司发生重大事件都需要利用 8－K 格式及时披露，使用较为频繁。

经理层的薪酬如表6－6、表6－7所示。与之相对应的是，其他联邦政府公司在其年报中也披露了公司财务报表，但对于高管薪酬总额、明细及计算依据等信息则未提及。

**表6－6　2013财政年度TVA、USPS高级管理人员薪酬结构和水平**　单位：美元

| 公司名称 | 职务 | 固定工资 | 非股权激励补偿计划 | 退休金和递延补偿 | 其他补偿 | 合计 |
|---|---|---|---|---|---|---|
| TVA | 前任总裁兼首席执行官 | 304039 | — | — | — | — |
| | 总裁兼首席执行官 | 712500 | 2667386 | 2063395 | 461250 | 5904531 |
| | 首席财务官兼执行副总裁 | 522000 | 1285648 | 161119 | 172500 | 2141267 |
| | 首席核能官兼执行副总裁 | 547096 | 1156008 | 103140 | 122500 | 1928744 |
| | 总法律顾问兼执行副总裁 | 416596 | 785703 | 212967 | 197500 | 1612766 |
| USPS | 邮政总长兼首席执行官 | 276840 | — | 145321 | 14379 | 436540 |
| | 首席财务官兼执行副总裁 | 239000 | 35000 | 29504 | 18981 | 322485 |
| | 首席营销官兼执行副总裁 | 240000 | — | 19621 | 17944 | 277565 |
| | 首席运营官兼执行副总裁 | 235000 | — | 87447 | 18475 | 340922 |
| | 首席信息官兼执行副总裁 | 230000 | — | 232950 | 7287 | 470237 |

注：TVA前任总裁兼首席执行官汤姆·基尔（Tom Kilgore）已于2013年1月1日退休，故未能享受总经理年度奖励计划（executive annual incentive plan）和总经理长期激励计划（executive long-term incentive plan）。

资料来源：根据2013 Report on Form 10-K United states Postal Service和2013 Report on Form 10-K Tennessee Valley Authority整理而得。

**表6－7　TVA、USPS2013财政年度董事会成员薪酬情况**　单位：美元

| 公司名称 | 董事 | 津贴 | 现金补偿 | 其他补偿 | 补偿合计 |
|---|---|---|---|---|---|
| TVA | Marilyn A. Brown | 48900 | 15525 | 569 | 16095 |
| | V. Lynn Evans | 48900 | 34607 | 1580 | 36187 |
| | Barbara S. Haskew | 50000 | 50191 | 2000 | 52191 |
| | Richard C. Howorth | 50000 | 50191 | 2500 | 52691 |
| | C. Peter Mahurin | 50000 | 35308 | 323 | 35631 |
| | Neil G. McBride | 50000 | 50191 | 2500 | 52691 |
| | Michael R. McWherter | 48900 | 35359 | 320 | 35679 |
| | Joe H. Ritch | 50000 | 35323 | 1603 | 36926 |
| | William B. Sansom | 54500 | 54710 | 2180 | 56890 |

续表

| 公司名称 | 董事 | 津贴 | 现金补偿 | 其他补偿 | 补偿合计 |
|---|---|---|---|---|---|
| USPS | Mickey D. Barnett | 30000 | 8400 | — | 8400 |
| | James H. Bilbray | 30000 | 10800 | — | 10800 |
| | Louis J. Giuliano | 30000 | 9900 | — | 9900 |
| | Thurgood Marshall, Jr. | — | 6867 | — | 6867 |
| | Dennis J. Toner | 30000 | 11400 | — | 11400 |
| | Ellen C. Williams | 30000 | 10200 | — | 10200 |

注：（1）TVA 董事长每年得到 5 万美元的津贴，董事会批准成立的各个委员会的主席每年可以获得 4.6 美元的津贴，一般董事的年度津贴额为 4.5 万美元。TVA 董事的津贴并未一成不变，而是按照美国法典第 5 章第 5318 节的相关规定，采用一定的百分比适时进行调整。（2）USPS 每位董事（邮政总长、副邮政总长除外）每年可以获得 3 万美元的固定津贴。（3）补偿是对董事因参加会议而给予的补贴，TVA 董事因参加董事会及与 TVA 有关的公务活动所产生的交通、食宿等有关费用支出，参照美国法典第 5 章第 5703 节的相关规定另行支付；USPS 董事补偿是根据董事参加会议的天数，每天补贴标准为 300 美元，但整个财政年度不能超过 42 天。（4）小瑟古德·马歇尔（Thurgood Marshall，Jr.）于 2013 年开始担任董事，服务时间 2 个月零 8 天，津贴与补偿没有进行区分。

资料来源：根据 2013 Report on Form 10 − K United states Postal Service 和 2013 Report on Form 10 − K Tennessee Valley Authority 整理而得。

### （三）及时性评价

TVA、USPS 信息披露及时、集中，按照美国上市公司信息披露的要求及时向社会公布公司年报、季报和临时报告。TVA、USPS 年报、季报披露时间适用于“大型加速申报人”（large accelerated filers）的规定，在美国财政年度结束后 60 日向社会公布年报，并在每一财政季度结束后 45 日内公布季报。对于临时报告，信息披露的时效性更强，要求在事件发生后 4 个工作日内公布。从实际执行情况来看，TVA、USPS 均按时通过年报、季报和临时报告进行信息披露，即在每年的 11 月底公布年报，在 2 月初、5 月初和 8 月初公布季报。

AMTRAK、EXIM、FDIC、PBGC 等联邦政府公司，因各个公司特殊法对信息披露的法定时间要求不一，这些公司在向国会或总统提交年报的时间也较为分散。如 EXIM 应在每年 1 月 1 日之前向国会提交年报，紧随其后则是 AMTRAK 和 TVA，分别是 2 月 15 日和 3 月份。截至 2014 年 3 月底，除 AMTRAK 以外，所有的联邦政府公司均在其官方网站向社会公开其公司年报，以供社会公众查阅、下载。

因此，总体而论，美国联邦政府公司信息披露及时，时效性强。

## 二、监察信息披露现状

在《监察长法》的强制性法律规定下，联邦政府公司监察信息披露保证了真实性、完整性与及时性。真实性来自《监察长法》对监察长办公室独立性的法律保障，以制度层面在人事、财务、业务等方面确立了监察长办公室的独立性地位，进而保证了监察信息披露的真实性。至于完整性与及时性，《监察长法》中用较大篇幅，对监察长办公室半年报信息披露内容以及披露时间进行了明确、具体的规定，从联邦法律的高度保证了监察信息披露内容的完整性以及信息的时效性。本部分以 AMTRAK 为例，分析联邦政府公司监察信息披露状况。

### （一）真实性评价

监察长办公室高度独立性是监察信息真实性的重要保障，独立性能够保证监察长办公室独立开展审计、调查、评价和评估等业务活动，并大大提高其发布的有关监察活动信息的真实性。这种独立性在人事任免问题上不仅体现在监察长任免问题，还体现在监察长办公室雇员任职条件的明确具体规定以及较为完善的职业培训体系。在财务独立性方面，监察长办公室财务独立，监察长及其雇员薪酬、经费按照法定程序由联邦财政拨款予以保障，并为保证财务独立与安全，监察长办公室账户独立，受到严格管控，严禁挪作他用。在业务独立性方面，监察长办公室按照法律授权拥有独立进行审计、调查、评价和评估等法定权力，不受所在联邦政府公司干预。监察长办公室独立性问题在前面有详细阐述，不再赘述。

监察长办公室开展审计、调查、评估及评价活动要遵守统一标准。这些标准既有政府问责办公室制定的《一般公认政府审计准则》，也有监察长办公室诚信与效率委员会制定的《调查质量准则》《检查与评估质量准则》《数字取证质量准则》《监察长办公室质量准则》。在统一标准约束下，监察长办公室与独立公共会计师事务所合作，对联邦政府公司每一财政年度财务报表进行独立审计。此外，每三个财政年度，包括联邦政府公司在内的联邦政府机构，各监察长办公室之间相互开展同行评审，并出具无保留评审意见。同时，CIGIE 廉政委员会还对监察长办公室违法违规行为再监督。

监察长办公室独立性、统一监察标准、监察长办公室再监督等制度设计，在一定程度上能够保证监察长办公室按照法律法规要求独立开展相关业务，进而提高了所披露监察信息的真实性。

（二）完整性评价

与联邦政府公司基本情况、经营信息相比，其监察信息披露更为全面、完整。按照《监察长法》的要求，各联邦政府公司在其官方网站上建立监察长办公室链接，用户可以直接访问监察长办公室网站内容。在联邦政府公司监察长办公室页面上，对于监察长、副监察长个人信息、监察长办公室使命、组织架构等信息在简介中均得以完整表述，并公布了各种联系方式，如热线电话、E-mail 地址、通信地址。对于审计、调查及评价等重要信息，在审计报告、调查报告、同行评审报告、年度计划报告、管理挑战报告、监察长办公室半年报或临时报告中均详细介绍。

审计调查情况。2019 年 1 ~7 月，AMTRAK 共发布若干审计报告，主要有：（1）公司治理水平方面，就内部质量控制进行审计，审计 AMTRAK 合并财务报表、内部控制、法律法规、合同和授予协议的某些规定以及其他事项的遵守情况，由于 AMTRAK 获得联邦政府财务援助，还必须接受联邦政府财务援助执行情况审计；（2）资产管理状况审计，就工程部门对 AMTRAK 维修保养和机车车辆设备状况进行审查评估；（3）安全安保情况审计，就 AMTRAK 对重点车站人身安全保障情况进行审查评估，对安全敏感职位员工毒品和酒精检测有效性进行评估；（4）信息技术情况审计，以识别 AMTRAK 系统漏洞、提高网络安全和控制系统运行状况以及 IT 网路中断后恢复服务的能力；（5）不动产情况审计，对 AMTRAK 不动产管理程序有效性进行评估；（6）并购和采购合同审计，就合同监督的弱点造成的财务、业务和法律风险进行评估；（7）铁路运营情况审计，以评估 AMTRAK 在多大程度上确定并向私人铁路车主支付与移动和长期停车服务相关的费用；（8）人力资源情况审计，审查员工背景调查过程中存在的重大管理控制缺陷整改情况；等等。另外，AMTRAK 监察长办公室共发布 24 项调查报告，涉及雇员违规使用 AMTRAK 电脑、盗取票券资金案、违规解雇案、行贿受贿案、操纵投标案等。由此可以看出，AMTRAK 审计调查报告内容覆盖面广，既有就内部质量控制情况进行年度常规审计，也有就一些临时重要问题开展调查审计活动，并发布审计报告和调查结果说明。

监察长办公室半年报也是监察信息披露的重要形式和载体。每一财政年度，AMTRAK 监察长办公室均发布两次半年年报，时间跨度分别为当年 4 月 1 日至 9 月 30 日和当年 10 月 1 日至次年 3 月 31 日。近几年，AMTRAK 监察长办公室半年报篇幅 60 页左右，内容大概包括七部分。在正文开始前，就近半个财政年度 AMTRAK 发生的重大事件、取得的重大成就以及所采取的行动进行总结。在正文部分，不仅介绍 AMTRAK 监察长办公室概况（法律授权、使命愿景、聚焦领域）和组织架构进行介绍，还用较大篇幅就该时期内所进行的审计、检查、调查及评价活动详细说明，并针对监察中发现的问题提出若干改进建议。另外，在附录中还列出 10 项，主要涉及该财政年度业绩情况、问题成本审计、审计评价报告和证词、未完成纠正行动的建议、审查立法、法规和主要政策、同行评审结果等。

另外，AMTRAK 监察长办公室还公开其战略规划、预算请求、同行评审、管理挑战、证词、年度计划等信息。

（三）及时性评价

按照《监察长法》的要求，监察长办公室半年报须最迟在 4 月 30 日和 10 月 31 日前呈送至机构负责人，联邦政府公司负责人在收到半年报 30 日内须将其传送至国会有关委员会或小组委员会。通过法律制度性强制性要求，国会能够及时全面获取联邦政府公司监察信息。

监察长办公室官方网站信息是监察信息披露的重要渠道，也是监察信息公开披露的有力工具。《监察长法》还规定，任何报告或审计结果，自公开之日起 3 日内必须在监察长办公室网页上发布。在网站上公布的有关报告或结果，须易于搜索、下载，其设置的格式须便于个人打印。从实际情况来看，社会公众也能够及时获取监察长办公室监察信息。一般情况下，通常在每一半个财政年度结束45日内，在联邦政府公司监察长办公室官方网站上公开半年报，社会公众可以自由访问、阅读、下载。以AMTRAK为例，最近两次监察长办公室半年报发布时间分别为2019年5月13日和2018年11月15日。

## 第五节　小结

从法律制度体系层面看，美国联邦政府公司强制性信息披露法律体系完整，不仅有适用于绝大多数联邦政府公司的《政府公司控制法》，而且针对各个联邦政府公司特点，以特殊法的形式对各个联邦政府公司的信息披露进行具体法律规定。除了对经营信息进行强制性披露要求外，对于监察长信息，国会专门通过《监察长法》要求包括联邦政府公司在内的联邦机构监察信息也须进行完整、及时的披露。在信息披露的具体要求上，有关法律对信息披露的主体、对象、内容、形式、时间等问题也都在相关法律条款中进行明确陈述。

从信息公开披露实践来看，美国联邦政府公司信息披露真实、完整、及时。所有联邦政府公司在其公开的年报中，均将经过外部审计机构（或者是GAO）审计过的财务报表公之于众，所披露的财务信息真实性较强。尤其是TVA、USPS两家联邦政府公司，按照美国证券交易委员会对上市公司信息披露制度规定，对包括财务报表、高管薪酬等重要信息进行充分披露。对于监察信息，由于《监察长法》的强制性法律约束，单设监察长办公室的联邦政府公司，均按照该法的要求及时、完整地进行监察信息的公开披露。

信息披露作为一种监督机制，在减轻委托代理问题方面发挥着重要作用。从法律制度体系层面看，美国联邦政府公司强制性信息披露法律体系完整，不仅有适用于绝大多数联邦政府公司的《政府公司控制法》，而且针对各个联邦政府公司特点，以特殊法的形式对各个联邦政府公司的信息披露进行具体法律规定。除了对经营信息进行强制性披露要求外，对于监督监察信息，国会专门通过《监察长法》要求包括联邦政府公司在内的联邦机构监察信息也须进行完整、及时的披露。在信息披露的具体要求上，有关法律对信息披露的主体、对象、内容、形式、时间等问题也都在相关法律条款中进行明确陈述。联邦政府公司按照相关法律要求，对企业经营信息、监察信息进行翔实、充分、完整的披露。

# 第七章

# 研究结论及若干启示

## 第一节　研究结论

通过研究美国联邦政府公司监管制度，有以下几点结论。

一是国会在联邦政府公司外部监管体系中居于核心地位。在美国，国会在联邦政府公司外部监管体系中居于核心地位并发挥主导作用，通过立法手段直接决定联邦政府公司的设立与撤销、公司治理模式与组织结构设计、经营业务范围及其调整、高级管理人员产生方式、融资方式及借债规模等，最终审计监督权也由国会组成部门——政府问责办公室来行使。除国会之外，美国联邦政府在法律授权范围内也参与对联邦政府公司的监管活动。而美国对联邦政府公司的外部监管主要由国会及其组成部门间接实施。这里产生一个疑问：在国有企业外部监管问题上，立法系统监管效率是否必然优越于行政系统的监管效率？本书并不这样认为。国有企业作为一种特殊形式而存在的企业，国家对其监管须依法进行，必须确立企业的市场主体地位，其正常经营活动也不应受到外界人为干扰。

二是在联邦政府公司内部基本上形成了董事会治理、专职监督机构监督的内部监管模式。联邦政府公司未设立股东大会，并且基本上形成了董事会决策、经理层执行的公司治理结构。联邦政府公司特殊法明确了董事会在公司治理体系中的核心地位和功能职责，对董事的任命、任期、来源等诸多细节问题以法律条款的形式固定下来，委托代理关系明确、委托代理任务具体，董事会与经理层的职责权限界定清楚。董事会成员结构中考虑到党派特征和各利益相关者利益诉求，以达到实现董事会执行联邦政府公共政策目标并弱化企业“内部人控制”的目标。作为内部监管的重要组成部分，联邦政府公司内部设立独立的内部监督监察机构——监察长办公室，并赋予其必要的执法权，并通过统一监察标准、职业培训、同行评审以及再监督机制，以确保监察长办公室独立行使审计、调查、评估等监督职责。在这一内部监管模式下，董事会、经理层、监察长办公室职责明确、业务独立。

三是信息披露作为一种监督机制，在减轻委托代理问题方面发挥着重要作用。从法律制度体系层面看，美国联邦政府公司强制性信息披露法律体系完整，不仅有适用于绝大多数联邦政府公司的《政府公司控制法》，而且针对各个联邦政府公司特点，以特殊法的形式对各个联邦政府公司的信息披露进行具体法律规定。除了对经营信息进行强制性披露要求外，对于监督监察信息，国会专门通过《监察长法》要求包括联邦政府公司在内的联邦机构监察信息也须进行真实、完整、及时的披露。在信息披露的具体要求上，有关法律对信息披露的主体、对象、内容、形式、时间等问题也都在相关法律条款中进行明确规定。客观而论，联邦政府公司按照相关法律要求，对企业经营信息、监察信息披露较为真实、完整、及时。

## 第二节　若干启示

尽管中美两国的经济体制、政治制度和发展阶段不同，国有企业监管的体制机制、方式方法等存在较大差别，但美国国有企业在很大程度上体现了市场经济体制要求和国有企业特点，有些监管经验和做法能够为我们深化国有企业监管提供经验参考。当然，必须要注意的是，我国国有企业是社会主义公有制的重要实现形式，是国民经济的重要支柱，这与美国国有企业的性质和地位是不同的。因此，要理性、客观对待美国国有企业性质、地位、功能以及具体监管经验和做法，不能盲目照搬照抄。新时期推进我国国有企业改革、加强国有企业监管，应考虑以下几个着力点。

一是坚持和加强党对国有企业的领导。党的十九大报告指出：“党政军民学，东西南北中，党是领导一切的。”坚持党对国有企业的领导、加强党的建设，是深化国有企业改革、做强做优做大国有企业的根本保障。当前，国有企业一度存在的党建弱化、淡化、虚化、边缘化问题正在朝着有序、有效方向逐步解决。习近平总书记在全国国有企业党的建设工作会议上指出：“坚持党对国有企业的领导是重大政治原则，必须一以贯之。”党对国有企业的领导主要是通过国有企业党组织而实现的。新修订的《中国共产党章程》第三十三条载明：“国有企业党委（党组）发挥领导核心作用，把方向、管大局、保落实，依照规定讨论和决定企业重大事项。”坚持党对国有企业的领导体现在政治领导、思想领导和组织领导三个方面。加强党对国有企业的政治领导，关键是要求国有企业全面贯彻、执行党和国家的方针、路线、政策及重大战略部署。加强党对国有企业的思想领导，通过对国有企业党员干部的党性教育、政治教育，严明政治纪律和政治规矩，不断提高党员干部思想政治素质和党性修养。加强党对国有企业的组织领导，将“加强党的领导和完善公司治理统一起来，明确国有企业党组织在公司法人治理结构中的法定地位”。通过“双向进入”“交叉任职”的方式将党组织嵌入国有企业公司治理之中，厘清党组织与董事会、经理层、监事会之间的权责边界，充分发挥党组织对国有企业的监督作用，在选人、用人问题上坚持党管干部原则与董事会依法自主选择经营者有机结合，加强对国有企业主要负责人和关键岗位监督，对企业投资、工程招投标、企业改制、产权交易等重要环节进行监督。

二是改革国有资本经营管理体制，规范出资人与企业关系。国有资本授权经营是国有企业改革新的重要着力点。随着公司制改造的推进，国有独资企业数量大幅减少，国有控股和参股企业数量大幅度增加，国家与企业的关系由公司制改造前的全资所有关系转变为国有资本与其他资本的共有关系。政府公共利益维护者和国有资本出资人的身份相对分离，国有资本管理运营职能相对独立出来。国资委直接持有国有企业股份并作为国有企业股东参与企业治理的管理体制，面临专业能力不足问题，客观上要求改革国有资本授权经营体制，设立国有资本市场化运作的专业平台，建立以“管资本”为主的国有资产管理体制。改革国有资本授权经营体制，就是分离出资人职能和国有资产监督管理职能，组建国有资本投资和运营公司专注于国有资本管理运营，形成“国资机构—国有资本投资运营公司—国有企业”扁平化国有资产经营管理方式，规范出资人与企业关系、所有权与经营权配置，确立企业市场主体地位。国有资本授权经营体制改革要在明晰所有权与经营权边界的基础上，准确界定经营权授权界限、明确授权方式，既要授权到位，也要防止过度授权并以此引起的国有资产“渎职性”流失、“经营性”流失和“混合型”流失。改组国有资本投资运营公司是改革国有资本授权经营体制的重要环节，既要防止国有资本投资运营公司虚化、行政化和简单翻牌，也不能“一刀切”“大跃进”，要分类分层推进改组国有资本投资运营公司。基于不同类别国有企业战略定位、发展目标的差异性，分别设置公益类、战略类和商业类国有资本投资和运营公司，并实行差异化授权。同时，将中央企业和地方国有企业改组成国有资本投资运营公司的方式也应差异化。中央企业可以在集团总部基础上改组为国有资本投资运营公司，地方国有企业数量多、规模小、产业分布广，可将若干家国有企业按业务类别和纵向联系组建成国有资本投资运营公司平台。

三是以规范董事会建设为重点完善公司法人治理结构。现代企业制度改革20多年来，国有企业基本上能够按照《公司法》等相关法律法规要求进行了公司制、股份制改造，形成了“三会一层”的公司法人治理结构，实现了所有权、决策权、经营权、监督权相互分离、相互制衡的公司法人内部治理结构。但国有企业法人治理结构不完善，内部人控制问题依然存在，突出表现在董事会运作机制不规范、董事会治理水平有待提高。首先，国有独资、绝对控股及相对控股国有企业，国有股“一股独大”导致企业内部股权结构失衡以及利益分配倾向问题，董事会成员结构也将朝着有利于国有股的方向进行配置，如何设置相互制衡、相互监督的董事会结构亟待破解。可行办法是在坚持同股同权的前提下，适度增加非国有股股东利益代表在董事会成员结构比例，以提高非国有股东董事会决策的话语权和参与度。其次，明确董事会在公司治理结构中的权责边界，董事长与总经理分设，准确、合理界定董事会与经理层权责，将董事会职能限定在战略决策、经理人选拔、财务监督、薪酬分配、绩效考核等方面，斩断董事会干扰经理层正常经营管理活动的体制机制。最后，优化董事会成员结构，在外部董事占相对多数和要求一定比例职工董事参加的前提下，董事会成员不仅要真正代表利益相关者的利益诉求，还应该具备履行董事会职责的决策能力，这要求董事会成员除了拥有管理经验、财务知识等通用必备业务素质外，还应该依据企业所处行业技术领域，吸收一定比例的技术专家，从整体上提高董事会决策的中立性、独立性、科学性。当然，公开、透明的董事会成员产生机制也至关重要。

四是完善信息披露制度建设，提高国有企业信息披露水平和质量。关于我国企业信息披露情况，要具体问题具体分析。对于已经实现整体上市的国有企业，以及子公司或控股子公司上市的国有企业，按照所在地的有关法律法规的强制性要求进行信息披露，而包括中国在内的世界主要国家及地区，对上市公司信息披露的法律制度体系较为完整。因此，这类国有企业的信息披露较为完整、真实、及时，信息披露水平、质量程度较高。对于非上市国有企业，由于强制性信息披露法律体系建设不尽完善，在无法律强制性要求下，缺乏主动向社会公开有关信息的内在激励机制，即便进行披露，也是一种选择性披露，大多数情况下，不会将企业的会计数据、财务指标等重要财务信息公之于众。要提高国有企业信息披露程度，使公众加入对国有企业监督的队伍中来，首要任务便是逐步完善国有企业信息披露的法律法规建设，对国有企业信息披露提出明确、具体的法律要求，迫使企业在法律的强制性要求下，向社会真实、完整、及时地披露有关信息。党的十八大以来，随着国有企业改革的深入推进，国有企业信息披露制度建设也在不断加强。《中共中央、国务院关于深化国有企业改革的指导意见》要求实施信息公开以加强社会监督，明确指出“完善国有资产和国有企业信息公开制度，设立统一的信息公开网络平台，依法依规、及时准确披露国有资本整体运营和监管、国有企业公司治理以及管理架构、经营情况、财务状况、关联交易、企业负责人薪酬等信息，建设阳光国企。认真处理人民群众关于国有资产流失等问题的来信、来访和检举，及时回应社会关切。充分发挥媒体舆论监督作用，有效保障社会公众对企业国有资产运营的知情权和监督权”。在深化国有企业改革制度顶层设计下，非上市国有企业信息披露由定向报告制度向社会公开信息披露制度迈进。在国有企业改革顶层制度设计指引下，以及相关法律规定的不断跟进，非上市国有企业信息披露制度体系将在发展中逐渐完善，实现“阳光国企”的信息披露目标越来越近。

# 附录一

# 美国联邦政府公司名称及其简称对照表

| 序号 | 联邦政府公司名称 | 简称 |
|---|---|---|
| 1 | 国家铁路客运公司（National Railroad Passenger Corporation） | AMTRAK |
| 2 | 商品信贷公司（Commodity Credit Corporation） | CCC |
| 3 | 美国进出口银行（Export-Import Bank of the United States） | EXIM |
| 4 | 联邦农作物保险公司（Federal Crop Insurance Corporation） | FCIC |
| 5 | 联邦存款保险公司（Federal Deposit Insurance Corporation） | FDIC |
| 6 | 海外私人投资公司（Overseas Private Investment Corporation） | OPIC |
| 7 | 养老金福利担保公司（Pension Benefit Guaranty Corporation） | PBGC |
| 8 | 圣劳伦斯航道发展公司（Saint Lawrance River Development Corporation） | SLSDC |
| 9 | 田纳西河流域管理局（Tennessee Valley Authority） | TVA |
| 10 | 联邦监狱工业公司（Federal Prison Industries） | UNICOR 或 FPI |
| 11 | 美国邮政服务（United States Postal Service） | USPS |

# 附录二

# 美国若干联邦政府公司基本情况

在美国本土建立的第一家国有政府公司（National Government Corporation）可以追溯至大陆会议（Continental Congress）于1781年特许授权成立的北美银行（the Bank of North America），而此时离《美利坚合众国宪法》生效还有8年。1789年，《美利坚合众国宪法》生效后两年，美国政府建立了第一家联邦政府公司——美国银行（Bank of United States），也就是美国第一银行。

## 一、国家铁路客运公司

### （一）基本情况

国家铁路客运公司（Amtrak）最初是根据哥伦比亚行政区商业公司法（District of Columbia Business Corporation Act）和政府公司控制法（Government Corporation Control Act）设立的一个混合所有制公司。1970年，为消除私有铁路运输困境，铁路客运服务法将Amtrak改造成经营全国铁路客运服务（主要是城市之间的铁路客运服务）的公司，以接管从铁路公司剥离出来的客运业务。作为交换，铁路公司将客运服务负债转移给新成立的Amtrak，但继续允许Amtrak以边际成本接入私有路轨并保留历史铁路客运服务运营的优先权。Amtrak所有已发行优先股股票均由美国联邦政府通过运输部（the United

States Department of Transportation，DOT）持有，1971 年 5 月 1 日正式投入运营。

（二）经营状况

2018 财政年度，AMTRAK 雇员超过 2 万人，铁路运输里程超过 2.14 万英里，运送乘客 3170 万人次，每日运行 300 多趟城际列车横越美国的 46 个州、哥伦比亚特区以及加拿大的 3 个省，停靠车站 526 个，以及 2000 余节客车车厢、400 余辆机车。

AMTRAK 主要依靠租借私人铁路公司的轨道、车站等基础设施提供客运服务。2018 财政年度，AMTRAK 自己拥有的铁路线 622.8 英里（包括东北走廊线路 363 英里，纽黑文至斯普林菲尔德 60 英里，费城至哈里斯堡 104.2 英里，以及密歇根州至印第安纳州 95.6 英里的铁路线），另外还在 2012 年购买密歇根州 135 英里通行权。AMTRAK 自有 18 条隧道、1414 座桥梁。东北走廊是北美最繁忙的客运铁路线，最高运行时速 241 公里，每日超过 2200 趟客运列车行驶于华盛顿与波士顿之间，此外还担任城际以及通勤客运服务。

**表 1　　　　AMTRAK 经营业务分布**

| 业务类别 | 运营实体及具体业务 |
| --- | --- |
| 城际铁路客运（核心业务） | 城际铁路运输经营公司，运输旅客、邮件和快递邮件，提供餐车，必要时提供住宿；设备管理公司，包括机车、车厢 |
| 东北走廊基础设施 | 依照法令设立的基础设施经营公司，负责东北走廊的路轨、桥梁、隧道、车站、信号和通信设施建设；工程公司，负责维护和改进基础设施；通信和信号公司 |
| 铁路设备制造、维护和修理 | 铁路设备制造、维护和修理公司，负责机车和客运列车车厢制造、维护和修理 |
| 承包商 | 国内铁路月票代理机构；国外铁路客运代理机构（国家铁路客运公司已经投标，在澳大利亚提供铁路客运服务） |
| 不动产 | 不动产发展公司，负责车站和国家铁路客运公司拥有的其他不动产 |

资料来源：根据 AMTRAK1018 财政年度合并财务报表与独立审计师报告整理而得。

（三）组织管理

AMTRAK 实行董事会治理模型。董事由总统提名并经参议院批准，董事任期为 5 年。2008 年，客运铁路投资和改进法重组了国家铁路客运公司董事会，董事会成员由 5 人增加到 9 人，联邦政府运输部长、董事会聘任的国家铁路客运公司执行委员会主席根据法律自然成为董事，其余 7 名董事依照前述程序产生，董事会选举董事长和副董事长各 1 名，国家铁路客运公司执行委员会主席不能兼任董事长。根据相关法律规定，AMTRAK 实行董事会治理模式，执行委员会主席和 CEO 负责执行董事会决策。董事会与执行委员会主席和 CEO 之间的分工在于，董事会负责制定和监督发展战略、发展方向，执行委员会主席和 CEO 侧重于 AMTRAK 的日常经营管理（刘戒骄，2014）。

（四）财务状况

根据美国一般公认会计准则（GAAP），2018 财政年度，AMTRAK 总收入达 34 亿美元，调整后的营业收入创历史新高，达 1.71 亿美元，同比增长 11.9%。总收入占运营成本的 79.9%，运营亏损持续存在；票务收入创历史最高纪录——22 亿美元，同比增长 1.2%。

**表 2　2018 财政年度 AMTRAK 财务状况**　单位：百万美元

| 指标 | 2018 年 | 2017 年 | 增长率 |
|---|---|---|---|
| 总收入 | 3386.7 | 33005.7 | 2.5% |
| 其中：票务收入 | 2207.2 | 2180.8 | 1.2% |
| 食品及饮料销售 | 140.7 | 139.1 | 1.2% |
| 州政府赞助收入 | 233.8 | 224.0 | 9.8% |
| 通勤收入 | 2581.7 | 2543.9 | 1.5% |
| 其他收入 | 805.0 | 761.8 | 5.7% |
| 总支出 | 4239 | 4210 | 0.7% |
| 其中：工资及福利支出 | 2020.6 | 2084.6 | -3.1% |
| 列车运营支出 | 269.8 | 239.7 | 4.3% |
| 燃料动力支出 | 269.8 | 239.7 | 12.6% |
| 材料费用 | 178.5 | 165.3 | 8.0% |
| 广告支出 | 93.2 | 106.9 | -12.8% |
| 赔偿金支付 | 119.4 | 70.7 | 68.9% |
| 折旧摊销 | 807.1 | 767.0 | 5.2% |
| 其他支出 | 480.6 | 536.1 | -10.4% |

资料来源：根据 AMTRAK1018 财政年度合并财务报表与独立审计师报告整理而得。

## 二、美国进出口银行

### （一）基本情况

美国进出口银行的前身为华盛顿进出口银行（Export-Import Bank of Washington）。作为罗斯福新政之一，1934 年 2 月 2 日，时任美国总统富兰克林·德拉诺·罗斯福签署 6581 号行政命令建立了华盛顿进出口银行，旨在为美国商品进出口提供财务支持。同年 3 月 9 日，罗斯福总统签署了 6638 号行政命令成立华盛顿第二进出口银行（Second Export-Import Bank of Washington），以专门支持美国与古巴之间的贸易活动。1935 年，华盛顿第二进出口银行完成了第一笔贷款业务——为古巴购买美国银锭提供 380 万美元的贷款。1936 年，美国国会要求华盛顿进出口银行与华盛顿第二进出口银行合并，华盛顿第二进出口银行连同其债务一起合并至华盛顿进出口银行。1945 年 7 月 31 日，《1945 进出口银行法（Export-Import Bank Act of 1945）》生效，华盛顿进出口银行转型为一家独立机构。1968 年 3 月 13 日，华盛顿进出口银行正式更名为美国进出口银行。根据《1945 政府公司控制法》的要求，美国进出口银行每四到五年需要国会重新授权批准。由于美国国会对美国进出口银行的授权于 2015 年 7 月 1 日失效，五个月后，在众议院成功使用出院申请程序后，美国国会通过美国总统巴拉克·奥巴马于 2015 年 12 月 4 日签署的修复美国地面运输法案（Fixing America's Surface Transportation Act），重新授权该银行至 2019 年 9 月。

美国进出口银行的使命是，通过对美国出口企业提供财务援助以增强其产品或服务在国际市场上的竞争力，扩大出口，促进就业。美国进出口银行不与私人部门竞争，将其业务限定在私人部门不愿意而且不能够承担的信用风险的国家和地区，实际上是对私人部门在贸易融资缺口的补充。

### （二）经营范围

美国进出口银行经营范围涉及四个方面：流动资金担保（working capital guranteen）、出口信贷保险（export credit insurance）、贷款担保（loan guarantee)、直接贷款（direct loan）。美国进出口银行是否对出口业务进行资助，与企业规模、业务量大小无关，但其业务量80%以上直接惠及美国小企业。2018财政年度，EXIM为1000万美元以下交易提供融资支持，授权33亿美元用于短期出口信贷和营运资金担保，以支持约68亿美元的美国出口，并提供约3.3万个就业岗位。为支持美国中小企业发展，EXIM批准了总计近22亿美元的小企业授权，该财政年度EXIM的小企业支持占授权总价值的66%。

1. 流动资金担保。

流动资金担保旨在对商业银行向美国出口企业提供的流动资金贷款进行担保，通过降低商业银行流动资金贷款风险以鼓励对出口企业融资提供支持，最终达到促进美国商品和服务的出口。流动资金担保的限额最高为商业银行贷给出口企业流动资金本金额90%。美国进出口银行与出口企业就商业银行提供的流动资金贷款达成担保协议，可以获得100美元的申请费用收入。对于一年期贷款担保计划，出口企业应向美国进出口银行预先支付服务费（facility fee），服务费费率为贷款金额的1.75%，符合特定要求的贷款担保计划服务费费率可以降至1.25%以下；贷款期限低于6个月的贷款担保计划，服务费费率为0.875%。

2. 出口信贷保险。

出口信贷保险旨在通过对美国出口企业应收款进行保险，避免因商业风险或政治风险而出现的进口商付款拖欠或拒付行为，通过转移应收款回收风险鼓励美国出口企业扩大出口。美国进出口银行在世界大多数国家开展出口信贷保险业务，但对部分国家以及在特定条件下对该业务的国别范围进行限制性条款规定。出口信贷保险业务基本上对出口的商品和服务基本上没有具体的限制，军工产品除外（也存在着例外）。出口信贷保险涉及短期保险和中期保险两种业务。短期保险对象为产品价值中在美国生产的部分占50%以上的出口商品和服务，涵盖一系列产品、原材料、零部件、元器件、资本货物、耐用消费品、大宗农产品，期限一般不超过6个月，特殊情况下最长可延长至1年。中期保险主要针对资本设备及服务而言的，仅承保合同金额中美国本土价值部分占比达到85%的产品或服务，被保险额不超过净美国本土产品价值或者美国出口商供应合同本土价值的85%，最高保险额度为1000万美元，期限一般不超过5年（特殊情况下最多可延长至7年），美国进出口银行还要求被保险的产品，进口商必须向美国出口商至少支付美国产品合同价格15%的现金。至于保险费费率问题，没有一个统一的标准，视信用证期限、进口商情况而定。

3. 贷款担保。

贷款担保旨在对那些为购买美国产品和服务的进口商（包括私人部门和公共部门）提供贷款的机构，美国进出口商对贷款给予还本付息的担保，以间接财务援助方式促进美国产品和服务的出口。贷款担保是一项中长期财务支持项目，担保期限一般可达10年。贷款担保计划为100%的商业风险和政治风险提供担保，一般达到出口货物总值的85%。

4. 直接贷款。

直接贷款旨在为购买美国产品和服务的一些信誉良好的进口商，由美国进出口银行向其提供的一种长期贷款援助。进口商获得的直接贷款，通常仅用来资助购买美国资本设备及服务。直接贷款期限长达12年，对于一些可再生能源项目的贷款期限可延长至18年。直接贷款承担100%的商业风险和政治风险，主要资助国际购买商进口美国的产品和服务（进口商本国产品价值最高可占产品价值总额的30%）。直接贷款偿还期主要由一些因素决定但不限如此，如借款者的财务状况、市场上同行的同类产品偿还期限、特定行业惯例、行业及国家状况、使用寿命、世界经合组织及伯恩联盟协定，等等。贷款利率因贷款期限、商品类型存在差异。

（三）组织管理

董事会是美国进出口银行最高决策机构，董事会成员共有7名，除美国商务部长和美国贸易代表成为当然董事外，另外5名董事均由总统任命但应征求参议院意见并经参议院批准，5名董事中各有1名董事长和副董事长。董事长兼任公司总裁（即CEO），由总统任命但应征求参议院意见并经参议院批准。副董事长兼任公司第一副总裁，也由总统任命、应征求参议院意见并经参议院批准，当总裁职位空缺或不能履职时代为总裁行使相应职权。在5名被任命的董事中，来自统一政党的董事不能超过3人。董事会法定出席人数至少3人（任命5名董事）。董事任期为4年，所有董事在任期结束后可以被重新任命；董事任期结束后可以继续担任直至新的继任者，但延长期限不能超过6个月；对于空缺董事，继任者仅履行空缺董事剩余期限，5名董事中，至少有1人来自小企业组织并代表小企业利益。经任何两位董事请求，董事长应该安排在下次董事会会议上就请求事宜进行讨论，期限应该不超过在请求提出后30日。根据《进出口银行法》的规定，建立一个由17名成员组成的顾问委员会，委员由董事会任命但应征求公司总裁的意见。这些委员应具有广泛的代表性，应由来自环境、生产、商业、金融、农业、劳工、服务业、州政府以及纺织业的代表组成，其中来自小企业团体的委员至少3名，劳工组织的代表至少2人（不能有2位委员来自同一工会），非政府环境组织的代表不低于2人（不应有2位委员来自同一家环境组织）。顾问委员会每季度应至少举行一次会议，应向公司就其经营计划提供建议，并按照法律规定向国会提交有关报告。

（四）财务状况

美国进出口银行自我维持，美国政府不向其提供财政拨款补贴。美国进出口银行的资金来源主要有三个方面：一是资本金，美国政府认购美国进出口银行10亿美元资本金；二是来自美国财政部贷款，美国进出口银行有权通过发行票据、债券等方式向美国财政部借款，但累计未清偿债务最高不能超过60亿美元，借款利率由财政部长确定；三是经营收入，即美国进出口银行开展贷款、保险、担保业务所获得的利息、保险费、担保费等收入。2012财政年度，美国进出口银行批准了3796项总金额达358亿美元（其中贷款项目118亿美元，担保项目183亿美元，出口信贷保险57亿美元）的贷款、担保及保险项目，涉及出口商品销售总额500亿美元。

## 三、联邦存款保险公司

### （一）基本情况

联邦存款保险公司成立之前的半个世纪，在联邦层面已经开始了储蓄保险立法方面的探索，这可以追溯至1886年。1886～1933年，银行破产倒闭现象愈演愈烈，美国国会收到150份建立储蓄存款保险制度的提案。从1929年美国股市崩盘到1933年底，美国约有9000家银行暂停营业，导致储户损失13亿美元（当时价格）。特别是在1933年的头几个月，就有4000家银行关门，公众恐慌情绪高涨导致银行挤兑危机出现，迫使罗斯福总统于1933年3月6日宣布美国银行系统停业整顿。美国金融系统濒临崩溃边缘，并很快波及制造业和农业部门等实体经济层面。严峻的经济形势直接导致社会要求建立储蓄保险的呼声异常强烈，并最终促使国会加快储蓄存款立法工作进程。1933年6月16日，罗斯福总统签署《银行法》，创立了联邦存款保险公司，成为独立的法人实体单位。

联邦储蓄保险公司的使命是，通过对银行和储蓄机构的存款提供保险、识别和监控储蓄保险基金（deposit insurance funds）风险、管理破产清算，以控制银行和储蓄机构倒闭时对美国经济和金融系统的冲击，进而维持并增强社会公众对美国金融系统的信心。

联邦存款保险公司总部位于华盛顿，其业务主要由设在纽约、旧金山、芝加哥、达拉斯、亚特兰大、堪萨斯、波士顿的七个区域办公室负责处理，同时还设有一个临时卫星办公室（temporary satellite office），并在全国范围内设有现场办公室。随着美国银行业状况改善，FDIC员工人数呈下降趋势。2018年，FDIC授权的全职员工人数从2017年的6363人减少至6083人，减少4.4%。FDIC董事会最近批准了2019年授权人员编制5901个，比2018年减少3.0%。截至2018年底，联邦存款保险公司为5542家银行和储蓄机构的约5亿个储蓄账户提供了储蓄保险，被保险的储蓄金额高达7.4万亿美元。

### （二）经营范围

联邦存款保险公司仅对储蓄存款进行保险，每位储户在每家银行或储蓄机构的不同种类（如单一账户、联合账户、特殊退休账户、可撤销信托账户、政府账户、员工福利计划账户等）的储蓄存款最高可获得25万[①]美元的储蓄保险，而股票、债券、共同基金、人寿保险、年金以及银行和储蓄机构提供的类似投资项目不在保险范围之列。储蓄者可以通过联邦存款保险公司的电子储蓄保险评估系统（electronic deposit insurance estimator）确认其账户是否有足够的储蓄保险。

此外，联邦存款保险公司还承担起近4000家银行或储蓄银行的检查与监督职能，以确保其经营安全和资产稳定。为了对储户实施有效的保护，当银行或储蓄机构出现破产危机时，联邦存款保险公司将迅速采取行动。联邦存款保险公司对处理倒闭机构有几种方式可供选择，但最常用的手段是对倒闭机构进行变卖，这样一来，倒闭机构的客户也自动地转为另一家机构的客户，一般不会造成储户损失和发生挤兑危机。对于储蓄存款保险，美国政府以其信用提供担保，并承担最终保险责任。

（三）组织管理

联邦存款保险公司由一个5人组成的董事会进行管理。董事会有权任命解雇管理人员及公司雇员，规定其职责范围，设定薪酬标准。其董事包括：货币监理署[②]署长（Comptroller of the Currency）、消费者金融保护局（Consumer Financial Protection Bureau）局长以及3位由总统任命并经参议院批准的董事（其中1人应具有国家银行监管经验）。每位任命的董事（其中3名）任期6年，对于某一届董事会任期尚未结束而出现的董事职位空缺，新的继任者只能任职该届任期结束，继任者的任命方式与前任相同，当出现货币监理署署长或消费者金融保护局局长职位出现空缺或者是其不能履行职责时，货币监理署执行署长或消费者金融保护局执行局长可以各自接任其董事一职。

① 从1934年联邦储蓄保险公司正式运营以来，储蓄保险额度逐步提高，从起初的2500美元提升至2008年的25万美元，期间保险额度共经过了6次调整，分别是1935年的5000美元、1950年的1万美元、1966年的1.5万美元、1969年的2万美元、1974年的4万美元以及1980年的10万美元。

② 货币监理署成立于1863年，为美国财政部下属的一个独立机构，其使命是管制、监督所有的国家银行（National Banks）和联邦储蓄协会（Federal Savings Associations）。

在3名被任命的董事中，由总统指定并经参议院批准其中一人担任董事长，任期5年。副董事长也从剩余2名被任命的董事中由总统任命并经参议院批准。董事长、副董事长以及董事在任期结束后，有义务继续提供服务直至新的继任者被任命且能够胜任为止。任何董事在任期内不能受雇于任何存款保险储蓄机构或储蓄机构控股公司，同时，在终止董事一职后两年内也不能受聘于上述机构，但董事任期期满而卸任的董事除外。董事任期期间，不能受聘担任任何存款保险机构、储蓄机构控股公司、联邦储备银行、联邦住房贷款银行的高级管理人员，也不能持有任何存款保险机构或者储蓄机构控股公司股份。每月召开一次董事会。

董事会下设系统决议顾问委员会（Systemic Resolution Advisory Committee）、经济融合咨询委员会（Advisory Committee on Economic Inclusion）和社区银行顾问委员会，为董事会决策提供咨询和建议，但不参与公司的正式决策制定，也不接触一些非公开信息。董事长根据履行公司使命的实际需要，有权在顾问委员会下成立小组委员会。

联邦存款保险公司未设总裁或CEO等管理职务，由董事会负责集中统一管理，下设相应的职能部门履行具体管理及业务职能，如监管和消费者保护部、保险和研究部、破产管理部、信息技术部、财务部、行政管理部，以及企业风险管理办公室、经济情况办公室、国际事务办公室、法律事务办公室、纪律检查办公室。

（四）财务状况

联邦存款保险公司无权获得国会拨款，其资金来源渠道主要包括五个方面：一是经营收入，包括商业银行和储蓄机构为储蓄保险所缴纳的保险费收入以及基金投资于美国国债所获得的投资收益；二是从美国财政部直接借款，法律规定联邦存款保险公司经财政部长批准，可以向财政部借款用于支持保险业务，并规定最高借款额度为1000亿美元，借款利率由财政部长确定；三是向联邦融资银行（Federal Financing Bank）发行债券进行融资；四是从被保险储蓄机构的借款注入储蓄保险基金，利率不超过财政部向联邦存款保险公司贷款利率；五是从联邦住宅贷款银行（Federal Home Loan Bank）借款注入储蓄存款保险基金。

2006 年 2 月，乔治·沃克·布什总统签署《2005 联邦存款保险改革法案》（Federal Deposit Insurance Reform Act of 2005），将原有的银行保险基金（Bank Insurance Fund）和储蓄协会保险基金（Savings Association Insurance Fund）两只基金合并成一只新的基金——储蓄保险基金，于 2006 年 3 月 31 日正式生效。DIF 用于偿付倒闭机构中的被保险存款。2011 年底，储蓄保险基金账户扭亏为盈，实现结余 118 亿美元。截至 2018 年底，储蓄保险基金账户余额 1026 亿美元，比 2017 年增加 99 亿美元；综合收益（comprehensive income）99 亿美元，比 2017 年增加 2.75 亿美元。

## 四、美国邮政服务

### （一）基本情况

美国邮政服务（the United States Postal Service，USPS）前身是美国邮政部，根据《邮政重组法》（the Postal Reorganization Act，PR A）转变为联邦政府全资所有、独立经营、自负盈亏的联邦分支机构，依据法定授权向众多客户提供各种邮政服务，并有义务以统一的价格和质量为美国国内居民和企业提供普遍服务。2017 年 9 月 30 日，USPS 职业雇员约 50 万人，非职业雇员约 14 万人。USPS 在美国全境共有 3.1 万个邮政服务办公室以及 4000 个额外合同邮政单位，大约 1.57 亿个城乡邮件投放网点。USPS 业务主要在美国境内，截至 2017 年 9 月 30 日，该财政年度国际收入约占营业收入的 4%。当然，USPS 必须与私人包裹递送服务竞争，例如联合包裹服务和联邦快递。

### （二）经营范围

根据邮政重组法，美国邮政服务拥有向美国人以公正、公平价格提供基本服务的法定义务，其使命是向所有社区、每个企业和家庭，提供可信赖的、支付得起的、普遍的邮政服务（金碚、刘戒骄，2004）。USPS 服务类别包括：（1）一级邮件（first-class mail），主要指国内重量低于 13 盎司（国际重量低于 4 磅）的信件、明信片、账单或商品等；（2）营销邮件（marketing mail)，此类别包括广告和营销包裹，重量不超过16盎司，也不要需要使用一级邮件发送。此前该类别邮件称之为标准邮件，根据2017年1月邮政重组法授权，将标准邮件更名为营销邮件；（3）运输包裹（shipping and packages），包括一级包裹服务（重量低于一磅大型包裹）、优先邮件（美国境内外提供服务）、优先邮件快递（提供隔夜、退款保证服务）等；（4）国际邮运服务。

（三）组织管理

USPS设立管理委员会（Board of Governors）进行管理，其职能类似于公司董事会。USPS管理委员会共有11名成员，包括1名邮政总长、1名邮政副总长和9名独立委员。独立委员由总统提名并经参议院批准，可以连任但不能超过两届，每届任期不超过7年，而且来自于同一政党的成员不能超过5名。独立委员任命邮政总长，并共同任命邮政副总长，负责邮政服务的管理，管理委员会的职能与公众公司的董事会类似。其中9名成员（governors）由总统征求参议院的意见和同意后任命，任期为7年，最多连任两届。同一政党的成员不能超过5名。总统任命的9名成员任命邮政总长，上述9名成员与邮政总长共同任命副邮政总长，邮政总长和邮政副总长没有明确任期。

USPS管理委员会设置临时紧急委员会（Temporary Emergency Committee）、审计和财务委员会（Auditand Finance Committee）和资源补偿与管理委员会（Compensation and Management Resources Committee）。临时紧急委员会为近期USPS下设的一个管理机构，以满足USPS管理委员会行使某些权力达到6名成员法定要求，由其余委员组成以行使管理委员会保留的权力，旨在保证USPS经营连续性。USPS管理委员会执行邮政服务管理权力，有权制定合理、公平的邮政服务条款和资费标准，在一致同意原则下可以修改邮政费率委员会制定的费率和信件分类标准。另外，USPS执行委员会是一个决策机构，由邮政总长、邮政副总长、首席经营官、首席财务官、人力资源高级副总裁、市场营销高级副总裁、政府关系副总裁、总律师组成（金碚、刘戒骄，2004）。

### （四）财务状况

作为联邦政府的独立分支机构，USPS 经营收入免于缴纳税款，联邦政府也不对其正常运营进行补贴。2018 财政年度，USPS 净亏损达 39 亿美元，连续 12 年出现净亏损。USPS 长期处于运营亏损状态，这是由其承担提供普遍邮政服务的特殊使命以及竞争日趋激烈的快递业务共同决定的。1982 年以来，USPS 不再获得政府拨款以弥补其运营成本，但可以向联邦融资银行借款以维持其政策运营，借款金额取决于 USPS 运营现金流缺口、资本缺口以及年度借款有上限。2012 年 9 月，USPS 借款债务达到最高法定债务上限，此后并未增加新债务。截至 2017 年 9 月 30 日和 2016 年 9 月 30 日，USPS 债务本金 150 亿美元，其中当期债务 101 亿美元。

**表 3　　USPS 收入与支出状况**　　单位：十亿美元

| 项目 | 2008 年 | 2015 年 | 2016 年 | 2017 年 |
|---|---|---|---|---|
| 运营收入 | 74.9 | 68.9 | 71.5 | 69.6 |
| 运营费用 | 77.7 | 73.8 | 76.9 | 72.2 |
| 薪酬与福利 | 52.4 | 47.3 | 48.4 | 49.1 |
| 退休员工健康福利 | 7.4 | 8.8 | 9.1 | 4.3 |
| 其他运营费用 | 18.0 | 9.2 | 9.4 | 9.7 |
| 运营亏损 | -2.8 | -4.9 | -5.4 | -2.6 |
| 总资产 | 26.0 | 24.0 | 25.2 | 27.4 |
| 总负债 | 27.7 | 74.4 | 81.2 | 86.1 |
| 净资产 | -1.7 | -50.4 | -56.0 | -58.7 |

资料来源：根据 USPS2017 财政年度年报整理得到。

## 五、田纳西河流域管理局

### （一）基本情况

田纳西河流域管理局（TVA）是 1933 年根据《田纳西河流域管理局法》

设立的美国联邦政府所属的法人机构，其职责是向田纳西河流域提供电力，运营着美国最大的公共电力系统，为近1000万人口提供电力，并负责灌溉、洪水控制、农业和工业发展，以实施整个田纳西河流域综合治理与全面发展，涉及田纳西、弗吉尼亚、北卡罗来纳、乔治亚、亚拉巴马、肯塔基和宾夕法尼亚7个州中的4万平方英里土地，服务的区域人口超过800万。

从一开始，TVA就确立了完成“综合资源管理”这个使命的“一揽子”措施，广泛地讨论了它面临的每个问题，包括是否进行电力生产、灌溉、洪水控制、疟疾预防、重新造林和侵蚀控制，以及这些问题之间的相互作用。TVA的使命是开发和经营田纳西河流域系统以改进灌溉，把洪水灾害控制到最低程度，以安全、可靠和最低可行成本向田纳西河流域的居民和企业提供能源以及相关产品和服务。防洪方面，1933～1952年，TVA在田纳西河及其支流共建造20座新水坝，改建5座原有水坝，使美国雨量最大地区之一的田纳西河流域再没有洪水泛滥，还通过阻遏田纳西河及其支流河水大大减轻俄亥俄及密西西比两河流域的洪水威胁。

（二）经营范围

TVA职能多元化，涉及灌溉、洪水控制、发电、改善水质、自然资源保护、公共土地保持、娱乐和经济发展等。电力生产及销售是TVA主营业务之一，2018财政年度，TVA销售电力1603亿千瓦时，其中，地方电力公司、工业用电大户、联邦政府机构分别为1409亿千瓦时、173亿千瓦时和22亿千瓦时，售电量总计比2017财政年度增加79亿千瓦时。开展与TVA法定职责相关的环境技术问题研究开发活动也是其主要职责，如参与电网现代化相关的技术与应用研究，推进智能输电、配电系统研发应用，以及分布式能源集成优化设计，等等。TVA还承担田纳西河流域洪水控制职能，通过综合治理方式管理田纳西河流域系统，平衡水力发电与航运，以减少洪水灾害并保持水土。刺激地区经济发展、改进田纳西河流域居民生活质量是TVA的主要法定目的之一。TVA的主要经济发展目标是招募公司进入田纳西河流域，鼓励扩大现有的业务和工业，提供高质量的就业机会，并帮助田纳西河流域的社区获得经济增长机会。

### （三）组织管理

根据TVA法规定，TVA由参议院批准、总统任命的9名兼职委员组成的董事会进行治理。TVA董事会主席在TVA董事会成员中产生，根据TVA法，有资格被任命为TVA董事会成员，必须具备以下条件：（1）必须是美国公民；（2）必须具有与大型营利性或非营利性公司、政府或学术机构相关的管理专业知识；（3）不是TVA员工；（4）必须向国会全面披露个人在能源行业中所持有的任何投资或其他经济利益；（5）必须确认支持TVA目标和任务。此外，在任命TVA董事会成员时，还必须考虑到利益相关者的建议，以及TVA董事会成员的多样性。9名TVA董事会成员中至少有7名必须是TVA服务区的合法居民。TVA董事会成员任期5年，每年至少有一名成员任期结束。董事会成员任期结束后，根据TVA法规定允许其继续履职直到继任者就位。

TVA董事会负责制定TVA发展目标、长期规划，批准年度预算，制订员工薪酬计划，有权自行确定电力价格的权利，包括电力合同期限和条款，经理层负责执行董事会决定以及TVA日常运营。根据TVA法规定，TVA董事会下设审计、风险和监管委员会，此外，还设置四个专业委员会，分别是财务、费率和投资组合委员会，对外关系委员会，人与绩效委员会，核监管委员会。

### （四）财务状况

2018财政年度，TVA经营收入112亿美元（电力销售收入达111亿美元），经营成本89亿美元，经营收入23亿美元。TVA成立之初，其所有业务都获得联邦政府拨款资助。1959年，TVA电力项目直接拨款结束，用于TVA管理、经济发展以及多元用途的拨款也于1999年结束。1999年以来，TVA几乎安全通过出售电力和电力系统融资为其所有业务提供资金。TVA电力系统融资主要包括出售债务债权，然后是其他融资方式，如租赁融资。作为一家全资政府公司，TVA无权发行股票进行融资。

## 六、商品信贷公司

### （一）基本情况

1933 年，时任美国总统富兰克林·德拉诺·罗斯福签署第 6340 号行政命令，根据特拉华州法律成立了商品信贷公司。商品信贷公司初始资本金 300 万美元，由美国农业部长和农业信贷管理局局长认缴。成立之初，商品信贷公司与复兴金融公司（Reconstructing Finance Corporation）关系密切，并处于复兴金融公司的管理之下进行运作。1939 年，罗斯福总统签署第 8219 号行政命令，商品信贷公司转移至美国农业部，并授权农业部长拥有、管理该公司。1948 年 7 月 1 日，根据《1948 商品信贷公司特许权法》（Commodity Credit Corporation Charter Act of 1948），商品信贷公司获得美国联邦特许经营权，最终转型为隶属于美国农业部的一家联邦政府公司。商品信贷公司的使命：一是稳定、支持、保护美国农业收入及农产品价格；二是保护土壤、空气、水资源以及保卫、改善野生动物生存环境；三是维持农产品平稳且充足的市场供应及有序分配；四是为美国农产品开辟新的国内外市场和销售设施。

### （二）经营范围

商品信贷公司通过一系列援助项目，组织、实施法律赋予的使命任务及战略规划。主要项目有以下五方面。

1. 收入支持与灾害救济。

收入支持与灾害救济计划由美国农业部农业服务局负责实施，通过向农民和农场主提供财务援助使其免遭因市场波动和不可预见的自然或人为灾难所造成的损失。实施这种援助方式的主要措施有：收入支持计划、灾害救济计划、未保险农作物灾难救济计划（noninsured crop disaster assistance program）。

2. 生态保护计划。

该计划得到了《2008 食物、保护及能源法》的支持，由农业部农业服务局和自然资源保护服务局负责实施，主要是向农民、农场主提供财务援助、经济刺激、技术协助、成本共担等一系列激励性政策措施，以促进他们在其各自经营的私人土地上积极保护自然资源。该计划集中于降低土壤腐蚀，保护河流、水源，返还、重建鱼类及野生动物栖息地，以及改善空气质量。

3. 农产品经营及食物援助。

该计划由农业服务局负责，以处理农产品的采购、储存、处置及分配，并管理《美国仓库法》的实施，以支持实现美国国内农业计划价格支持目标，制定储存农产品的统一监管系统，确保美国食品及时供应以及国际援助计划的实施。

4. 国际市场开发。

该计划由外国农业服务局负责实施。商品信贷公司通过实施国际农产品市场发展计划，将为美国农产品打开国际市场并增强其国际竞争力，有助于美国农业部门的长期繁荣与稳定。

5. 出口信贷。

商品信贷公司出口信贷担保与直接贷款计划由农业服务局和外国农业服务局联合共同管理，对美国农产品出口提供付款担保和直接贷款业务进行财务援助。这一计划有助于促进美国农产品的出口。

### （三）组织管理

商品信贷公司在农业部长的监督和指导下实行董事会管理。商品信贷公司董事长由农业部长兼任，农业部长成为董事会当然董事。董事会由 7 人组成（其中 1 人担任公司总裁），由总统任命并经参议院批准。董事除了履行董事会法定职责外，还必须担任农业部长指定的其他事宜。董事会业务处理法定人数为 4 人。截止到 2013 年 9 月 13 日，商品信贷公司董事会在任董事 5 名，空缺董事 2 名，高级管理人员 22 人（其中 1 人空缺）。所有董事及高级管理人员均为农业部官员。商品信贷公司所有的董事、官员均为农业部雇员组成，农业部长根据公务员法的有关规定任命各级官员、雇员，并规定其各自的职责及任务。商品信贷公司没有经营人员，其日常经营业务由农业服务局（Farm Service Agency）、农业市场服务局（Agricultural Marketing Service）、自然资源保护服务局（Natural Resources Conservation Service）、外国农业服务局（Foreign Agricultural Service）等农业部有关职能部门负责实施。商品信贷公司的大部分援助项目是通过农业部农业服务局遍布全美的现场办公网络完成的，其中包括约2100个美国农业部服务中心和51个国家办事处。

董事会下设一个顾问委员会，该委员会共有5名委员，其中来自同一个政党的委员不能超过3名，由总统任命，服务期限由总统确定，委员参加顾问委员会每日可获得50美元的津贴，差旅费实报实销。顾问委员会按照农业部长的要求，在90日内至少需要召开一次会议，调查公司的一般政策并向农业部长提供相关建议。

（四）财务状况

商品信贷公司资金来源主要是四个方面：法定股本金、借款、发行债券。美国政府认购并持有商品信贷公司1亿美元法定股本金，这一数字远远高于公司成立之时的300万美元股本金。商品信贷公司有权在任何时候，向美国财政部以及私人资本市场借款，法定借款金额不超过300亿美元。经美国财政部批准，商品信贷公司还可以发行债券进行债券融资。另外，商品信贷公司还可以从其农产品购销中获取经营收入，担保及贷款业务中获取担保费和利息收入，等等。

## 七、联邦监狱工业

（一）基本情况

联邦监狱工业（Federal Prison Industries）经国会批注成立于1934年，是一家完全归美国联邦政府所有的公司。1934年6月23日，罗斯福总统签署一项旨在授权建立联邦监狱工业的法律，并于同年12月11日签署第6917号行政命令正式创立了联邦监狱工业，最终于1935年1月1日正式开始运营。

联邦监狱工业的使命，就是通过对罪犯进行培训获取必要生存技能以顺利地重返社会，最终保护社会、减少犯罪、维护国家监狱安全并减轻纳税人负担。美国联邦监狱工业雇用罪犯进行生产，通过销售其产品或服务所获取经营收入向管理人员、罪犯支付薪水，购买原材料，进而实现自我维持、自我发展。同时，为最小化对私人部门经济活动产业影响，联邦监狱工业对销售对象有着明确而又严格的限定，即仅向联邦政府机构销售其产品、服务，禁止进入商业市场并与私有部门企业进行竞争。因此，在最小化对私有部门经济活动以及劳动力市场产生影响的前提下，联邦监狱工业对罪犯进行培训并向其提供尽可能多的工作机会。

联邦监狱工业的战略目标：一是通过开发有意义的工作以及技能培训使罪犯成为守法公民；二是通过销售产品或服务所获得的收入以确保联邦监狱工业保持财务上的自我维持；三是通过向罪犯提供技能训练和发展机会使联邦监狱工业员工实现更大的社会责任。

### （二）经营状况

联邦监狱工业的经营范围、企业规模随着企业发展以及社会经济状况的变化处于动态调整中。从经营范围上看，联邦监狱工业产品门类不断扩大，产品涉及军需与民用领域。2012 财政年度，联邦监狱工业生产产品接近 200 种，经营范围涉及服装与纺织行业、电子行业、舰队及工业品（fleet and industrial products）、办公器具、物品回收以及服务业六大领域。六大领域销售收入总额 6.06 亿美元，销售收入前三位的是服装与纺织、办公器具以及舰队和工业品，分别占总销售收入的 35.4%、23.5% 和 22.9%。二战期间，联邦监狱工业生产产品仅 70 多种，95% 的产品销售给国防部，生产的产品种类也较为单一，主要集中在军需品领域，生产诸如炸弹散热片和外壳、炸药外壳、降落伞、木托盘以及其他一些与国防方面有关的产品。从经营规模上看，联邦监狱工业生产规模处于扩张状态。2012 财政年度，联邦监狱工业在美国 63 个监狱设施开办了 81 家工厂，雇用了约 8% 的有工作能力的罪犯，雇用罪犯 13369 名。而在 1940 年，联邦监狱工业所雇用的罪犯数量仅为 3400 人。

### （三）组织管理

联邦监狱工业有权自行决定生产哪些产品及服务、在哪些联邦惩戒机构进行生产以及向哪些联邦政府机构出售。联邦监狱局总监管理所有的联邦惩戒机构，也是联邦监狱工业的首席执行官（chief executive officer，CEO）。联邦监狱工业日常事务由首席运营官（chief operating officer，COO）负责管理，而 COO 同时担任联邦监狱局总监助理。

联邦监狱工业由其董事会负责经营管理。董事会以最大化雇佣有工作能力的罪犯参与联邦监狱工业生产活为目标，组织罪犯从事生产活动，并对罪犯进行职业教育和培训。联邦监狱工业成立之时，董事会由 5 名成员，分别由来自企业、劳工、农业、消费者以及联邦政府的代表组成。1949 修正案新增 1 名董事，代表国防部长行使相应的董事职权。目前，联邦监狱工业由董事会控制并行使管理职能，董事会成员由总统任命，共有 6 名董事，分别作为零售商和消费者、农业、工业、劳工、总检察长以及国防部长的代表。

（四）财务状况

联邦监狱工业财务独立，未接受年度财政拨款资金。作为一家联邦政府公司，享有联邦及州所得税、财产税、毛收入税（gross receipts tax）等税收减免优惠政策。联邦监狱工业收入的绝大多数来自向联邦政府部门及有关机构销售的产品或服务，主要客户是联邦政府部门及有关机构，最大的顾客群体是国防部（Department of Defense）占 52%，国土安全部（Department of Homeland and Security）占 15%，司法部（Department of Justice）占 11%，总务管理局（General Services Administration）占 6%，社会安全管理局（Social Security Administration）占 4%。联邦监狱工业依靠这些收入主要用于原材料、职工工资以及罪犯薪水等经营性支出（原材料约占 75%，职工工资约占 20%，罪犯薪水[①]约占 5%。），以及用于投资于建筑物、机器设备等资本性支出。

2017 财政年度，联邦监狱工业销售额 4.54 亿美元，比原计划高出 3%。值得一提的是，该财政年度净收入达 1700 万美元，远高于上一财政年度 400 万美元，也是联邦监狱工业 8 年来首次盈利。

---

① 每一罪犯每小时最少赚 0.23 美元，最多每小时 1.15 美元，收入多少根据其技能、教育水平以及其他因素综合考虑进行确定。根据联邦监狱管理局罪犯财务责任计划（inmate financial responsibility program），所有法院裁定负债的罪犯必须至少用其在联邦监狱工业公司收入的 50% 来偿还，其余归罪犯自由支配，2005 财政年度，罪犯用其收入偿还债务金额 270 万美元。

## 八、海外私人投资公司

### （一）基本情况

海外私人投资公司是美国联邦政府公司之一，隶属于美国国务院。其宗旨是在支持美国实现外交政策目标过程中，促进美国私人资本在发展中国家和新兴经济体国家投资。海外私人投资公司通常被称之为美国政府的开发金融机构（Development Finance Institution），是在美国国务院政策指导下的一个机构。海外私人投资公司的管理立法可以追溯至《1961 对外援助法》（Foreign Assistance Act of 1961），该法案成立了国际开发署（Agency for International Development），以负责监督并执行美国的海外援助及私人投资政策。1966 年国会通过《1966 对外援助法修正案》成立了国际私人投资顾问委员会（International Private Investment Advisory Council）。作为对《1968 对外援助法贾维茨修正案》（Javits Amendment to the 1968 Foreign Assistance Act）的积极回应，同年 12 月，国际私人投资顾问委员会发布了“美国海外私人企业发展公司案例报告”，在该报告中明确指出有必要成立一家海外私人投资企业。在美国国会民主党和共和党的支持下，国会通过《1969 对外援助法修正案》成立了海外私人投资公司，并于 1971 年正式运营。

### （二）经营范围

海外私人投资公司的主要任务是为美国海外私人投资提供政治风险保险以及为项目融资、投资基金等提供援助。

1. 政治风险保险。

海外私人投资公司为保护美国私人资本投资于发展中国家可能发生的政治风险提供保险业务，其受理对象仅仅是美国公民、美国企业，以及美国企业下属的美国公民持股占 95% 以上的子公司。政治风险保险业务曾在海外私人投资公司投资组合中占较高比重，但目前已降至 20% 左右，主要原因在于，一方面是美国私人部门在政治风险保险业务领域发挥着越来越重要的作用，另一方面是世界上其他一些发展金融机构也参与其中，如世界银行多边投资担保机构（Multilateral Investment Guaranty Agency）。然而，海外私人投资公司提供的政治风险保险业务依旧发挥着重要作用。政治风险保险业务主要涉及三大板块：一是货币不可兑换风险保险业务，美国海外投资者如果参与了该项保险业务，在保险期内，即使东道主国实现外汇管制限制本币兑换成美元或者是采取了限制美元东道国的外汇管制法规，投资者可以将其持有的东道国货币拿到海外私人投资公司兑换成美元，并通过海外私人投资公司汇给投资者。不过，期间发生的东道国货币贬值风险由投资者自行承担，贬值损失不在保险范围之列。二是征用风险保险，该保险业务避免或减轻可能发生的东道国对美国企业实行国有化、征用而造成的财产损失，对于东道国实施的合法监管和税收政策行为所造成的损失以及由于投资者挑拨、鼓动所引起的财产损失不受保护。三是政治动乱险，该险种将转移东道国因发生暴力活动直接导致的美国公民和投资者的财产和收入损失，这些暴力活动包括战争、内战、叛乱等。政治风险保险费费率根据各个地区的状况确定，政治越稳定保险费费率就越低，反之则高。

2. 项目融资。

对美国企业海外市场从事投资活动提供项目融资支持已发展成为海外私人投资公司的最大业务板块。获得海外私人投资公司财务支持的风险投资项目必须经营稳定、资金充足，同时在项目中美国企业须持有一定比例的股份，如联合体投资项目中美国企业至少须持有项目25%的股份。海外私人投资公司项目融资规模一般不超过总投资的75%，具体额度综合考虑项目财务风险及收益而定。对投资者的项目融资资助主要通过两种途径进行：直接贷款和贷款担保。直接贷款规模在35万～5000万美元之间，主要支持对象是雇员在500人以下或者是年经营收入在2.5亿美元以下的美国中小企业或有中小企业参与的联合体。贷款担保项目主要针对向雇员超过500人或者是年经营收入超过2.5亿美元的大型资本投资项目提供贷款的金融机构（美国公民、企业在该金融机构持股比例至少达50%），担保金额最高可达2.5亿美元。担保利率及担保条件综合考虑项目财务及政治风险后由海外私人投资公司确定。

3. 投资基金。

海外私人投资公司通过提供借入资本（debt capital）支持风险资本创立私募股权投资基金，鼓励其在新兴市场和发展中国家进行直接股权投资活动。通常情况下，海外私人投资公司最高可向投资基金提供总资本额1/3的借款资本，并获取投资收益。

（三）组织管理

海外私人投资公司由15名董事组成的董事会负责管理，董事业务处理（transaction of business）的法定人数为8名。非联邦政府官员或其雇员董事有8名，由总统任命并经国会批准，其中：至少有2名董事来自小企业，1名来自有组织的劳工部门（organized labor），1名来自合作机构（cooperatives）。这8名董事任期期限为3年，任期交错，可以被重新任命，在任何一年任职期满的董事不能超过3名，一直任期到接任者被任命且能够胜任。其他7名董事由与该企业经营业务有关的联邦政府相关部门的主要官员组成，如公司总裁、国际开发总署署长、美国商务代表或副代表，另外4位董事由来自美国劳工部、商务部、财政部、国务院的高级官员组成，他们均由总统任命国会批准。在8名非联邦雇员型董事中，由总统各任命1名董事担任董事长和副董事长。公司总裁兼CEO由美国总统任命经参议院同意，任期由美国总统确定。美国总统在任命公司总裁时，应将私人业务经验作为主要的任命条件。公司总裁也是公司CEO，按照有关法律及董事会制定的政策负责公司的经营管理。执行副总裁也由美国总统任命并经国会批准，任期也由美国总统确定。海外私人投资公司在人事管理方面不受公务员法和相关管制法律的约束，除公司总裁及执行副总裁之外，其他高级职员、律师、雇员、代理人等均由公司自行选拔、任免与解雇，其薪酬水平也由公司独立决定，并按照公司赋予的权力履行职责。联邦政府官员董事不会从其履行董事职务中获取薪水，非政府官员董事薪水执行美国行政机构4级工资水平，所有董事可获得因公履行、食宿等补贴。

（四）财务状况

海外私人投资公司实现财务自我维持，其资金来源于提供财务支持服务获得的保险费、担保费、利息等营业收入，以及投资于美国国债获得投资收益。2018 财政年度，海外私人投资公司总资产 96.32 亿美元，同比增加 5.56 亿美元；总净资产（total net position）58.24 亿美元，同比增加 1.60 亿美元。按照《1990 联邦信贷改革法》（Federal Credit Reform Act of 1990），海外私人投资公司从事投资援助活动无权获得联邦拨款资金支持，但可以从美国财政部借款，2018 财政年度，海外私人投资公司获得财政部 23.70 亿美元授权借款，比上一财政年度减少 5.89 亿美元，以用于为直接贷款和未来索赔提供资金支持。

## 九、养老金福利担保公司

（一）基本情况

养老金福利担保公司①依据《雇员退休收入保障法》（Employee Retirement Income Security Act）于 1974 年成立，设在劳工部，总部位于美国首都华盛顿，现有员工 2000 余名。养老金福利担保公司仅负责福利确定型②雇主保险计划的担保。《雇员退休收入保障法》对养老金福利担保公司的使命进行明确规定：一是鼓励私人志愿参与的确定型雇主养老金保险计划的持续性运营；二是向参与养老金担保公司计划的退休员工及时、不间断地支付养老金福利；三是在保证养老金福利担保公司正常运营的条件下使雇主年金的保险费降至最低水平。

① 美国养老保障体系包括三部分，即国家法定养老、雇主补充养老和个人储蓄养老，政府、雇主和个人分别成为上述三种养老保障体系的主体。

② 企业年金有两种基本形式，即确定型和缴费型。确定型是指雇主根据雇员服务期限长短、收入水平等情况事先与雇员约定在其退休后能够按月获得数额固定的退休收入，雇员退休收入与企业经营状况、年金投资收益情况、雇员寿命长短无关，风险全部由雇主承担。缴费型是指雇员均有个人退休账户，由雇主和雇员共同缴费，雇员退休时所领取的养老金取决于个人退休账户累积额，风险由雇员自行承担。

（二）经营范围

养老金福利担保公司负责担保两类计划，即单雇主福利确定性计划和多雇主福利确定性计划。2018 财政年度，养老金福利担保公司为近 2.5 万个确定性福利计划项目进行了担保，涉及近 4000 万工人和退休者，其中单一雇主计划项目覆盖 3000 万人，另外 1000 万人通过多雇主计划获得保障。由于 4919 个单雇主和多雇主保险计划无法履行，养老金福利担保公司为 86.1 万退休人员支付退休金，金额 58 亿美元。

（三）组织管理

养老金福利担保公司由董事会负责管理。董事会成员 3 名，分别为劳工部长（兼任董事长）、商务部长和财政部长。养老金福利担保公司不向董事支付薪水，但董事因履行董事职责而产生的交通、食宿等必要支出应得到补偿。公司业务交易决定及董事会决策以投票方式按出席董事人数的大多数原则进行，法定出席人数为 2 名。在董事长的召集下或者是按照公司章程的规定召开董事会，董事会每年至少举行四次，每次至少应有 2 名董事出席。董事会应与顾问委员会每年至少举行一次联席会议。董事会下设一个由 CEO 领导的总裁局负责公司日常运营，CEO 执行董事会决策并向董事会负责。《2006 养老金保护法》生效后，CEO 由总统任命并经国会批准，任期 5 年，而之前则由董事会任命。《雇员退休收入保障法》要求建立一个顾问委员会，对计划终止程序时受托人指定、货币投资、计划终止时是立即清算还是交由受托人持续经营、养老金福利担保公司提出的其他有关问题以及顾问委员会认为有必要提供建议的其他事项等提供咨询、建议。顾问委员会由 7 人组成，来自同一政党的委员不能超过 4 名，委员经董事会推荐但由总统最终任命，任期 3 年。顾问委员会委员中，有两名代表员工组织的利益，2 名代表保持养老金计划雇主的利益，另外 3 名代表社会公众利益。

（四）财务状况

养老金福利担保公司享有广泛的税收豁免权，如免征所得税、财产税、特许权税等。养老金福利担保公司收支纳入美国联邦政府预算。养老金福利公司经费自筹、自我维持，《雇员退休收入保障法》规定美国政府对其债务不负责任。养老金福利担保公司未得到美国各级政策的财政援助，其收入来源主要包括四部分：一是保费收入，即参加养老金福利担保公司确定性保险计划所缴纳的保险费；二是养老金福利担保公司接管计划终止时的雇主资产；三是雇主债务，雇主终止计划时计划筹资缺口作为雇主对养老金福利担保公司的负债；四是投资收益。当然，为解决流动性问题，养老金福利担保公司可向财政部借款，借款限额为 1 亿美元。

保险费是养老金福利担保公司最重要的收入来源，保险费由国会立法确定并以立法形式进行调整。养老金福利担保公司保险费实行固定保险费和变动保险费两种形式，并对所有雇主采取同一保险费费率。固定保险费是针对根据计划参与人头数缴纳，与雇主计划筹资是否充足无关。变动保险费是专门针对雇主计划筹资能力不足的福利确定型计划而收取的，适用于单雇主福利确定型计划，保险费等于筹资能力缺口乘以可变保险费费率。

财务赤字是养老金福利担保公司必须正视并且急需解决的重大课题。糟糕的财务状况引起美国政府的高度关注和担忧，2003 年，政府问责办公室将养老金福利担保公司列入“高风险”机构名单。除了 1996 ~ 2001 年盈利外，养老金福利担保公司在其余年份均处于赤字状态。2012 财政年度是养老金福利担保公司连续第 11 年亏损，赤字缺口逐年增大。2012 财政年度，养老金福利担保公司亏损 343 亿美元，其中，单雇主福利确定型养老金计划亏损 52 亿美元，多雇主确定型养老金计划亏损 291 亿美元。为扭转连年财务亏损的不利局面，养老金福利担保公司通过提高保险费费率的方式试图填补财务缺口。养老金福利担保公司对单雇主福利确定型计划保险费由成立之初的每年 1 美元/人，在 1987 年提高至 16 美元/人，并开始对筹资能力不足的计划收取可变保险费（保险费率为 6‰）。1991 年，固定保险费上调至 19 美元/人，可变保险费费率也增至 9‰，总保费限额最高 72 美元/人。1996 年及以后，可变保险费最高限额取消。2006年，固定保险费进一步上涨，达30美元/人，并根据物价指数进行调整。到了2013年，固定保险费创新高，每年为42美元/人，同时再次为可变保险费实现最高限额。

## 十、联邦农作物保险公司

### （一）基本情况

联邦作物保险公司（Federal Crop Insurance Corporation）是隶属于美国农业部的一家全资联邦政府公司，负责管理联邦作物保险计划，为美国农民和农业实体提供作物保险服务。20世纪30年代之前，美国农业保险机制尚未真正建立，缺乏有效农业保险应对措施，自然灾害一旦发生，将导致农民收入减少。作为罗斯福新政的一部分，联邦政府制定并实施若干保护农民利益、促进农业发展的计划，其中之一就是1933年美国国会制定并实施的《农业调整法》，联邦政府通过与生产者签订协议并对参与播种控制面积的农民支付直接补贴的方式，使农业生产者自愿减少主要农作物的播种面积，以期稳定农产品价格、稳定农业生产者收入（孙正华和刘谡，2017）。1938年，美国国会通过了《美国联邦农作物保险法》，根据《美国联邦农作物保险法》建立联邦农作物保险公司，负责实施联邦政府农作物保险项目，帮助农业生产者有效应对气候、病虫害等自然灾害造成的农产品价格波动风险，以期稳定农业生产者收入，保护美国农业生产者利益。20世纪80年代以来，美国国会通过一系列法案，通过实行巨灾保险、收入保险产品、扩大农作物保险范围等措施，推动美国农作物保险计划不断发展完善。

### （二）经营范围

根据《联邦农作物保险法》规定，联邦农作物保险公司所提供的农作保险产品包括：小麦、棉花、亚麻、玉米、燕麦、大麦、裸麦、烟草、水稻、大豆、甜菜、甘蔗、高粱、向日葵、葡萄、橙子、甜玉米、豌豆、苹果、饲料作物、土豆、林木、苗圃作物、蔬菜、水产养殖类等30多种，几乎囊括所有农林作物和水产养殖产品。保险风险包括：干旱、洪水、冰雹、大风、霜灾、冻害、雷电、火灾、雨涝、雪灾、野生动物侵害、飓风、龙卷风、虫害、病害15类。此外，联邦农作物保险公司还向那些出售农作物保险的商业保险公司和再保险公司提供再保险服务（庹国柱，2011）。

（三）组织管理

根据《联邦农作物保险法》规定，联邦农作物保险公司实行董事会治理模式。董事会由7名董事组成，分别是农业部主管农作物保险的副部长、农业部主管农业信贷的副部长或部长助理、有农作物保险经验的非联邦政府雇员、联邦政府公司经理以及3名热衷于农作保险的非受雇于联邦政府的农场主，并且这3名董事要来自美国不同地区。由此可以看出，联邦政府公司董事成员来源具有广泛性、代表性和独立性。

《联邦农作物保险法》还规定了联邦农作物保险公司董事会的权利和职责。主要包括：（1）按照法律法规要求制定联邦政府公司规章制度；（2）收集有关农产品生产信息；（3）决定公共经费开支；（4）购买必要的不动产；（5）同商业保险公司签订必要的合同和协议等（庹国柱，2011）。

（四）财务状况

作为一家全资联邦政府公司，按照法律规定享有税收豁免权，联邦农作物保险公司的资本金、准备金、盈余、收入和财产免除所有联邦、地方及各部门税负。同时，为加强联邦政府公司资金使用与管理，联邦农作物保险公司的所有资金都不能挪作他用，要存在指定银行，并可以通过购买政府发行的证券进行投资。联邦农作物保险公司有权获得政府财政拨款，以便支付公司的经营管理费用，包括保险代理人和经纪人的佣金、财政票据的利息和其他债务、为投保农户支付部分保险费、损失理算师进行损失查勘和理算的直接费用（庹国柱，2011）。

美国联邦农作物保险的保费收入（包括生产者所缴保费和政府保费补贴两部分）在20世纪90年代翻了三番，21世纪后，保费收入迅猛增长，并于

2011 年突破百亿大关（高达 120.66 亿美元），此后，保费收入基本保持在 100 亿美元左右。1994 年之前，美国联邦农作物保险赔付率居高不下，1994 年后，除极端年份 2002 年和 2012 年，以及赔付支出略高于保费收入的 1995 年、1999 年、2000 年和 2013 年，其余年份赔付率均不超过 100%，1994 年以来，平均赔付率为 84.77%（张艳媛，2018）。

# 参考文献

[1] 白成琦．论日本国有企业体制的特点与历史作用［J］．世界经济，1995（7）：65－70.

[2] 北昆．法国国有企业监督的特点及其借鉴意义［J］．中国财政，2002（4）：62－64.

[3]［美］布莱尔．所有权与控制：面向21世纪的公司治理探索［M］．北京：中国社会科学出版社，1999.

[4] 曹玉书．美国的国有企业［J］．中国软科学，1996（1）：123－127.

[5] 常修泽．打响“破垄”攻坚战——对中国垄断性行业改革的思考［J］．观察与思考，2011（10）：24－26.

[6] 陈维政．英国国有企业的股份制改造考察［J］．经济体制改革，1996（4）：127－130.

[7] 谌新民，刘善敏．上市公司经营管理者报酬结构性差异的实证研究［J］．经济研究，2003（8）：55－63.

[8] 刁新申，姚刚．联邦德国国有企业制度及政府管理［J］．改革，1988（4）：185－188.

[9] 杜晓君，李曼丽．新加坡国有企业改革启示［J］．东北大学学报，2006（5）：332－335.

[10] 费方域．企业的产权分析［M］．上海：格致出版社，1998.

[11] 高晨．企业预算管理——以战略为导向［M］．北京：中国财政经济出版社，2004.

[12] 高明华，杨丹，杜雯翠等．国有企业分类改革与分类治理——基于七家国有企业的调研［J］．经济社会体制比较，2014（2）：19－34.

[13] 顾宝炎．国外国有企业的管理和改革［M］．北京：中国人事出版社，1999.

[14] 郭纲．新加坡国有企业董事会结构的优势及其借鉴意义 [J]．生产力研究，2004 (8)：141－142.

[15] 郭媛媛．公开与透明：国有大企业信息披露制度研究 [M]．北京：经济管理出版社，2012.

[16] 哈特．公司治理理论与启示 [J]．经济学动态，1996 (6)：60－63.

[17] 洪名勇．国有经济规模的理论与实践 [J]．贵州大学学报（社会科学版），2003 (5)：49－58.

[18] 黄红．美国政府对国有经济的监督和管理研究 [J]．交通科技与经济，2000 (4)：54－56.

[19] 黄群慧．关于进一步明确国有企业具体使命与定位的建议 [J]．中国经贸导刊，2007 (18)：41.

[20] 黄群慧，余菁．新时期的新思路：国有企业分类改革与治理 [J]．中国工业经济，2013 (11)：5－17.

[21] 黄书猛．论市场条件下的国有经济规模 [J]．探索，2003 (6)：56－59.

[22] 黄少安．国有资产管理概论 [M]．北京：经济科学出版社，2000.

[23] 黄绍松．新加坡国有资产管理体制及其对我国的启示 [J]．党政干部学刊，2003 (4)：32－33.

[24] 黄文杰．法国国有经济的管理及其改革 [J]．世界经济文汇，1987 (3)：40－44.

[25] 黄茂兴，唐杰．改革开放 40 年我国国有企业改革的回顾与展望 [J]．当代经济研究，2019，(3)：21－31.

[26] 胡家勇．国有经济规模的国际比较 [J]．经济纵横，2004 (8)：45－49.

[27] 纪玉山，张跃文．西方国有企业发展与改革历程及其对我国的借鉴意义 [J]．东北亚论坛，2004 (1)：47－52.

[28] 姜树蔚．中国国有企业的分类改革问题 [J]．江淮论坛，1996 (6)：34－37.

［29］金碚．国有企业的发展与中国工业化进程［C］．跨世纪的中国企业改革和发展理论与实践研讨会本书集，1999.

［30］金碚．三论国有企业是特殊企业［J］．中国工业经济，1999（7）：5－9.

［31］金碚．国有企业的历史地位和改革方向［J］．中国工业经济，2001（2）：5－16.

［32］金碚．国企改革的方向［J］．改革与理论，2002（2）：6－10.

［33］金碚，刘戒骄．美国的国有企业治理及其对中国的启示［J］．经济管理，2004（16）：4－13.

［34］金碚，刘戒骄等．中国国有企业发展道路［M］．北京：经济管理出版社，2013.

［35］金碚．论国有企业改革再定位［J］．中国工业经济，2010（4）：5－13.

［36］经济合作与发展组织．OECD 国有企业治理指引［M］．北京：中国财政经济出版社，2005.

［37］［英］柯林·梅耶．市场经济和过渡经济的企业治理机制［M］．北京：北京大学出版社，2005.

［38］［英］凯恩斯．就业、利息和货币通论［M］．上海：商务印书馆，1981.

［39］蓝定香．建立现代产权制度与国有企业分类改革［J］．经济体制改革，2006（1）：48－52.

［40］李传军．国有企业公司治理：新加坡的经验与启示．2011 International Conference on Engineering and Business Management：447－450.

［41］李开甫．简论我国公司监事会制度的不足与完善［J］．法学评论，2005（2）：123－127.

［42］李俊江，史本叶．美国国有企业发展及其近期私有化改革研究［J］．吉林大学社会科学学报，2006（1）：114－120.

［43］李俊江，史本叶，侯蕾，外国国有企业改革研究［M］．北京：经济科学出版社，2010.

［44］李维安，张俊喜．公司治理前沿（经典篇）［M］．北京：中国财政经济出版社，2003.

［45］李维安．公司治理学［M］．北京：高等教育出版社，2005.

［46］李维安，郝臣．中国上市公司监事会治理评价实证研究［J］．上海财经大学学报，2006（3）：78－84.

［47］李宗扬．英国国有企业的私有化进程［J］．改革，1989（2）：193－194.

［48］李志祥，张应语，薄晓东．法国国有企业的改革实践及成效［J］．经济与管理研究，2007（7）：84－88.

［49］林晓．德国国有企业管理的特点［J］．德国研究，1995（4）：28－30.

［50］林毅夫，蔡昉，李周．现代企业制度的内涵与国有企业改革方向［J］．经济研究，1997（3）：3－10.

［51］林毅夫，蔡昉，李周．充分信息与国有企业改革［M］．上海：上海人民出版社，1997.

［52］林毅夫，蔡昉，李周．国有企业产生的逻辑［C］//天则论丛．从计划经济到市场经济［M］．北京：中国财政经济出版社，1998.

［53］刘延龄．我国国有企业公司治理研究［D］．中共中央党校，2005.

［54］刘源．法国对国有企业的监管及启示［J］．中国经贸导刊，2004（16）：38.

［55］刘斌，刘星，李世新．CEO 薪酬与企业业绩互动的实证检验［J］．会计研究，2003（3）：35－39.

［56］刘戒骄，徐孝新．改革开放 40 年国有企业制度创新与展望［J］．财经问题研究，2018（8）：3－11.

［57］刘俊茹．企业预算管理历史分析及未来展望［D］．厦门大学，2006.

［58］刘勤．中国上市公司信息披露监管的系统研究［D］．同济大学，2006.

［59］刘小玄．现代企业的激励机制［J］．经济研究，1996（6）：3－11.

［60］刘银国．国有企业公司治理问题研究［D］．合肥工业大学，2006.

［61］刘重力，武津辉．英国国有企业体制改革带给我们的思考［J］．南开商业评论，1999（2）：58－62.

［62］刘芍佳，李骥．超产权论与企业绩效［J］．经济研究，1998（8）：3－12.

［63］刘卫．美国对国有企业的管理［J］．企业家天地，2009（1）：30－31.

［64］吕政，黄速建．中国国有企业改革30年研究［M］．北京：经济管理出版社，2008.

［65］罗建刚．委托代理：国有资产管理体制创新［M］．北京：中国财政经济出版社，2004.

［66］马建堂，张新竹等．德国、法国国有企业的监督与管理考察［J］．经济学动态，1997（5）：44－46.

［67］马卫，闵幼凡．法国政府对国有企业的管理及其对我国的启示［J］．企业经济，1999（12）：82－84.

［68］孟为民．法国、德国国有资产管理体制的启示［J］．河北企业，2012（6）：68－70.

［69］米森勒，雷维森卡．美国的国有企业［J］．国有经济评论，2012（1）：12－21.

［70］宁金成．公司治理结构：控制经营者理论与制度研究［M］．北京：法律出版社，2007.

［71］潘话实．日本国有企业管理体制及其启示［J］．当代亚太，1999（3）：43－47.

[72] 綦好东，王伟红．国有企业信息披露与监管制度研究：一个研究综述［J］．山东财政学院学报．2012（2）：31－35.

[73] 钱颖一．企业治理结构改革和融资改革［J］．经济研究，1995（1）：20－29.

[74] 青木昌彦，钱颖一．转轨经济中的董事会领导结构和公司绩效［M］．北京：中国经济出版社，1995.

[75] 邱国栋，于萍．西方国家国有企业管理模式的比较与借鉴［J］．管理现代化，2003（4）：61－64.

[76] 邱红．新加坡的国有企业管理体制——兼论我国国有企业管理体制的改革［J］．当代亚太，1999（3）：48－53.

[77] 上海国有资本运营研究院国有企业分类监管研究课题组．国有企业分类监管对策建议［N］．东方早报，2013－3－12（c04）.

[78] 邵宁．关于国有企业改革发展方向的思考［J］．上海国资，2011（1）：20－23.

[79] 史英利．推进国有企业经营责任制度建设——法国国家合同管理带来的启示［J］．中国机电工业，2002（13）：44－45.

[80] 宋方敏．习近平国有经济思想研究略论［J］．政治经济学评论，2017（1）：3－23.

[81] 孙正华，刘谡．美国农业保险制度发展历程及启示［J］．上海保险，2017（2）：31－33.

[82]［美］斯蒂格利茨．社会主义向何处去［M］．长春：吉林人民出版社，1998.

[83] 唐明义．英国国有企业私有化面面观［J］．海外之窗，1997（4）：59－61.

[84] 佟成生，潘飞，吴俊．企业预算管理的功能：决策，抑或控制？［J］．会计研究，2011（5）：44－49.

[85] 佟福全．新西兰、新加坡国有企业改革及其共同规律性［J］．管理世界，1997（4）：144－153.

［86］庹国柱．美国的农作物保险法［N］．中国保险报，2011－7－18（005）．

［87］王保林．中央企业产业发展报告［M］．北京：中国经济出版社，2011．

［88］王灏．淡马锡模式主要特征及其对我国国企改革的启示［J］．中共中央党校学报，2011（5）：50－54．

［89］王金存．世界国有企业—发展·管理·改革［M］．北京：企业管理出版社，1995．

［90］王文创，张金城．德国国有企业的管理及对我国的启示［J］．理论学刊，2006（5）：51－52．

［91］王永庆．法国的国有企业监督［J］．北京观察，2004（8）：59－61．

［92］魏刚．高级管理层激励与上市公司经营绩效［J］．经济研究，2000（3）：32－39，64－80．

［93］魏明海，柳建华．国企分红、治理因素与过度投资［J］．管理世界，2007（4）：88－95．

［94］吴敬琏．现代公司与企业改革［M］．天津：天津人民出版社，1994．

［95］吴建斌，陈林淼．日本《关于股份公司监察的商法的特立法》最新修改评析［J］．现代日本经济，2004（3）：31－37．

［96］吴英．国有企业监管的国际比较及启示——国资委与国有企业的关系探讨［J］．常州工学院学报，2005（3）：69－74．

［97］谢康，乌家培．阿克洛夫、斯彭斯和斯蒂格利茨本书精选［M］．北京：商务印书馆，2002．

［98］谢志华，张庆龙，袁蓉丽．董事会结构与决策效率［J］．会计研究，2011（1）：31－37．

［99］谢增毅．董事会委员会与公司治理［J］．法学研究，2005（5）：60－69．

［100］徐丹丹，曾章备，董莹．基于效率评价视角的国有企业分类改革实现路径研究——以高端装备制造业为例［J］．中国软科学，2017，（7）：182－192.

［101］薛捷．法国国有资产管理体制考察［J］．企业改革与管理，2003（7）：46－47.

［102］李济阳，陈世平．新加坡管理国有企业的启示［J］．管理科学文摘，2000（8）：33－44.

［103］［英］亚当·斯密著，谢祖军译．国富论（修订本）［M］．北京：中华书局，2012.

［104］闫丽荣，刘芳．上市公司经营管理者薪酬激励与公司绩效相关性的实证分析［J］．统计与信息论坛，2006（1）：101－104.

［105］杨瑞龙．国有企业分类改革的战略选择［J］．中国工业经济，1999（8）：9－11.

［106］杨卫东．管业商业类国有企业改革的思考［J］．华中师范大学学报（人文社会科学版），2016，（3）：40－46.

［107］叶祥松．法国国有企业管理体制及其启示［J］．特区理论与实践，1996（4）：22－25.

［108］叶祥松．德国国有企业管理体制及其启示［J］．管理世界，1996（3）：102－107.

［109］叶祥松．美国国有企业管理体制对我国国有企业管理体制改革的启示［J］．世界经济与政治，1996（7）：64－67.

［110］叶子，倪星．法国国有企业管理制度刍议［J］．湖北社会科学，1997（12）：12－13.

［111］余斌．英国国有企业私有化的回顾与思考［J］．管理世界，1997（2）：86－90.

［112］殷琪．“治理”的兴起及其内涵衍变——以其在中国传媒领域中的使用为例［J］．国际新闻界，2011（11）：37－44.

[113] 赵雪梅. 英国国有企业私有化探析 [J]. 经济评论, 1999 (4): 115 - 119.

[114] 赵旭东. 美国的国有企业——联邦政府公司 [J]. 中外法学, 1996 (2): 65 - 67.

[115] 张烽. 法国如何对国有企业实行管理 [J]. 学习月刊, 2000 (2): 42 - 43.

[116] 张国. 习近平有关国有企业改革的重要论述及其贯彻执行 [J]. 毛泽东邓小平理论研究, 2018 (12): 6 - 12.

[117] 张敏. 论英国国有企业的经营与管理 [J]. 欧洲, 1996 (5): 62 - 71.

[118] 张俊瑞, 赵进文, 张建. 高级管理层激励与上市公司经营绩效相关性的实证分析 [J]. 会计研究, 2003 (9): 29 - 34.

[119] 张春霖. 存在道德风险的委托代理关系: 理论分析及其应用中的问题 [J]. 经济研究, 1995 (8): 3 - 8.

[120] 张晖明, 张陶. 国有企业改革再出发: 从"分类"到"分层" [J]. 学术月刊, 2019, (1): 59 - 67.

[121] 张秀君. 成功的新加坡国有企业 [J]. 企业活力, 1995 (5): 39 - 42.

[122] 张维迎. 所有制、治理结构与委托——代理关系 [J]. 经济研究, 1996 (9): 3 - 15.

[123] 张维迎. 博弈论与信息经济学 [M]. 上海: 上海人民出版社, 2004.

[124] 张卓元. 从"管企业为主"到"管资本为主": 国企改革的重大理论创新 [J]. 新视野, 2016 (3): 13 - 16.

[125] 张艳媛. 1990 年以来美国农作物保险发展及对中国的启示 [J]. 农业经济与管理, 2018 (4): 77 - 86.

[126] 郑海航. 国有企业亏损研究 [M]. 北京: 经济管理出版社, 1998.

[127] 郑海航、孟领，中央企业重组的历史沿革及发展研究［J］财经问题研究，2010（3）：104－110.

[128] 郑海航，熊小彤，基于不同理论框架下的公司治理［J］. 中国工业经济，2005（6）：105－111.

[129] 郑玉波. 公司法［M］. 台湾：三民书局股份有限公司，1980.

[130] 宗寒. 西方国家发展国有经济说明了什么［J］. 江汉论坛，1999，（6）：5－10.

[131] 周佰成，邵振文，焦娇. 中国国有企业分层分类管理研究［J］. 社会科学战线，2015（6）：62－67.

[132] 周梅. 德国监事会制度的最新发展及对中国监事会发展的启示［J］. 中德法学论坛，2009（7）：92－108.

[133] 邹根宝. "英国对国有化工业的管理"载于国有企业的管理与改革［M］. 北京：经济管理出版社，1988.

[134] 宗瑞玉. 法国国有企业的管理制度［J］. 国际贸易，1992（7）：57－59.

[135] Aivazian V. A.， Ge Y. & Qiu J. P. Can Corporatization Improve the Performance of State-Owned Enterprises even without Privatization?［J］. Jounal of Corporate Finance，2005（11）.

[136] AMTRAK. 2018 Annual Report.

[137] Bozec R. & Dia M. Board Structure and Firm Technical Efficiency：Evidence from Canadian State-Owned Enterprises［J］. European Journal of Operational Research，2007（177）.

[138] Carbaugh R. & Tenerelli，T. Restructuring the U. S. Postal Service［J］. Cato Journal，2011（31）

[139] Conley J. A. Prisons，Production，and Profit：Reconsidering the Importance of Prison Industries［J］. Journal of Social History，1980（14）.

[140] Dimock M. E. Government Corporations：A Focus of Policy and Administraion［J］. The American Political Science Review，1949（4）.

[141] Fama E. & M. C. Jensen. Separation of Ownership and Control [J]. Journal of Law and Economics, 1983 (26).

[142] FCIC. 2018 Annual Report to Congress.

[143] FDIC. 2018 Annual Report.

[144] Froomkin A. M. Reinventing the Government Corporation [J]. University of Illinois Law Review, 1995.

[145] GAO. Government Coporations: Profiles of Existing Government Corporations [R]. 1995.

[146] Ghosh M. & Whalley J. State Owned Enterprises, Shirking and Trade Liberalization [J]. Economic Modelling, 2008 (25).

[147] Haririan M. State-Owned Enterprises in a Mixt Economy [M]. Boulder: Westview Press, 1989.

[148] Hart, O. & J. Moore. Property Rights and the Nature of the Firm [J]. Journal of Political Economy. 1990 (6).

[149] Hope J. & Fraser R. Budgets: The Hidden Barrier to Success in the Information Age [J]. Accounting & Business, 1999.

[150] Jensen M. C. & Meckling W. H. Theory of the Firm: Managerial Behavior, Agency Costs and Ownership Structure [J], Journal of Financial Economics, 1976 (3).

[151] Jensen M. C. , Murphy K J. Performance Pay and Top-Management Incentive [J]. Journal of Political Economy, 1990 (2).

[152] Jensen M. C. The Modern Industrial Revolution, Exit and the Failure of Internal Control Systems [J]. The Journal of Finance, 1993 (7).

[153] Kosar K. R. Federal Government Corporations: An Overview [R]. CRS Report for Congress, 2011 (6).

[154] Lipton M. & Lorsch J. W. A Modest Proposal for Improved Corporate Governance [J]. The Business Lawyer, 1992 (48).

[155] McDiarmid J. Government Corporations and Federal Funds [J]. The American Political Science Review. 1937 (31).

[156] Mehran H. Executive Compensation Structure, Ownership, and Firm Performance [J]. Journal of Financial Economics, 1995 (2).

[157] Mitchell J. The American Experiment with Government Corporations [M]. NewYork: M. E. Sharpe, Inc., 1999.

[158] National Academy of Public Administration. Report on Govrnment Corporations: A Report Based on a Study by a Panel of the National Academy of Public Administration for the Office of Management and Budget [R]. 1981 (2).

[159] Omran M. The Performance of State-Owned Enterprises and Newly Privatized Firms: Does Privatization Really Matter? [J]. World Development, 2004 (32).

[160] PBGC. 2018 Annual Report.

[161] Pratt J. W. & Zeckhauser R. J. Principles and Agents: An Overvie [C] //Principles and Agents: The Structure of Business [M]. Boston, 1985.

[162] Pritchett C. H. The Government Coporation Control Act of 1945 [J]. Public Administration Review, 1941 (1).

[163] Phillip J. M., Cyril T. The Implications of Firm and Individual Characteristics on CEO Pay [J]. European Management Journal, 2004 (1).

[164] Ross S. The Economic Theory of Agency: The Principal's Problem [J]. American Economic Review. 1973 (63).

[165] Seldman H. The Theory of the Autonomous Government Corporation: A Critical Appraisal [J]. Public Administration Review, 1952 (12).

[166] Shirley M. M. Bureaucrats in Business: The Roles of Privatization Versus Corporatization in State-Owned Enterprise Reform [J]. World Development, 1999 (27).

[167] Siqueira K., Sandler T. & Cauley J. Common Agency and State-Owned Enterprise Reform [J]. 2009 (20).

[168] Stephen M. Endogenous Firm Efficiency in a Cournot Principal Agent Model [J]. Journal of Economic Theory, 1996 (59).

[169] Tirole J. Corporate Governance [J]. Econometricas, 2001 (69).

[170] Toninell P. E. The Rise and Fall of State-Owned Enterprises in the Western World [M]. Cambridge: Cambridge University Press, 2000.

[171] TVA. 2018 Annual Report.

[172] Zhou X. M. Executive Compensation and Managerial Incentives: A Comparison between Canada and the United States [J]. Journal of Corporate Finance, 1999 (3): 277 -301.

[173] USPS. Annual Report to Congress 2018.